原來，這才是溝通

用愛堆出滿級分

老師說，我的孩子有問題。

換了老師後，卻成了資優生。

身為一個天才兒子的媽咪，
能做的就是給他滿滿的愛，
當一個可以溝通的平凡母親。

當兒子對我說：

「媽咪，你不要看不起我的煩惱。」

我更深刻的感受，跟孩子互動，
比怎麼陪孩子讀書還來的重要。

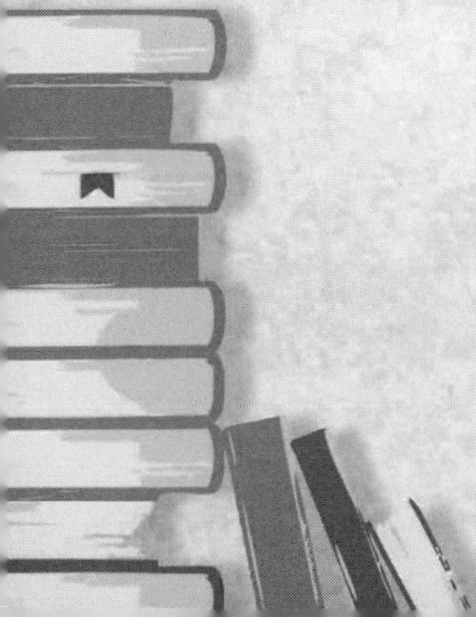

BTT
博思智庫

博思智庫 http://broadthink.pixnet.net/blog
博士健康網 http://healthdoctor.com.tw/

BTT
博思智庫

博思智庫　http://broadthink.pixnet.net/blog
博士健康網 http://healthdoctor.com.tw/

目錄
contents

目錄
contents

前言

我並不是出生在富裕的家庭，父母當然也沒有顯赫的身世背景，相對的，每逢學生時期，需要填基本資料，只要填到父母親職業欄，心裡總是有些小小的酸楚；我並沒有看不起父母，但是成長時期的經濟壓力，時常如排山倒海般侵襲我們的家庭。當下，我暗暗做了一個決定，我不能選擇父母，但我可以改變環境。如果我將來為人父母，希望我的孩子，不要和我一樣吃這些苦。我想大部份的父母都一樣，自己所受過的苦，不希望孩子再經歷一遍，甚至於自己的遺憾，也希望不要在孩子身上重演。

因為家中的經濟狀況，所以在國中畢業後，我選擇休學一年，並且一肩扛起家裡的生活重擔。還記得那一年，我白天到私人公司當小妹，賺取微薄的收入，為了節省開銷，30元買來的瘦肉，要分一個月吃，這樣吃苦當吃補的日子，過了一整年。那時，因為同學的爸爸是軍人，所以經常送我們家一些麵粉，我常要想辦法把麵粉變成麵疙瘩、蔥油餅、麵條，為了節省白米的錢，中午我跟爸爸兩個人，幾乎都是吃麵食，到了晚上全家人一起吃飯的時候，我們才煮白米飯。相較於同年齡的孩子，我過著一段相當艱辛的生活。

我從不抱怨老天爺，為什麼讓我跟別的孩子不一樣，回想起這一段，我心裡其實是充滿感恩的；因為從小必須學習獨立、堅強，也才有現在開朗的我。有了家庭之後，我希望帶給孩子，這樣的樂觀態度。很慶幸的，我感覺自己的孩子，在心智各方面都很健康，他有良好的價值觀，思想、心胸也非常的開闊。

同時因為自己的成長歷程，我也決定無論如何，要讓自己的孩子擁有好的生活品質。現在的我，擁有一份自己喜歡的工作、穩定的收入，說不上是造就英才，但我相信自己幫助了很多的上班族，讓他們有更正確的從業觀念，可以樂在工作。這些都是成長背景給我的影響，我也希望這樣正面的觀念，能夠帶給我的孩子，更多正面的能量。

雖然從小到大，我都戰戰兢兢不敢稍加鬆怠，但自己實在不是天資聰穎的人，所以當兒子的老師告訴我，小孩IQ很高的時候，的確讓我很詫異。學生時代的我，是一個很不會應付考試的人，每逢大考，十次有九次失常，這也導致求職時缺乏一張漂亮的文憑。對我而言，其實是個很大的遺憾。

由於自己少了一張傲人的文憑，所以出社會工作之後，需要比別人更辛苦地去學習，只是為了可以「和大家一樣」。我記得剛進公司的時候，根本不知道電腦要怎麼使用，英文能力也不如人家，偏偏又希望能和同儕有所競爭，所以要求自己每天早上7點半，趕到科見美語學會話，然後在9點前到公司打卡上班，下班之後又去政大修企管課程，星期天再去學電腦的運用。

因為就業時候，電腦開始普及化，公司也規定所有的報告，都必須用打字的方式，訂單也要求用電腦往來處理；如果我不花時間投資自己，努力學習非學校的技能，很快的就會被社會淘汰，所以這樣沒假日的日子，一直過了好幾年。

孩子小一那年，因應工作上的需要，我又選擇念了在職研究所，那時候，同時有家庭、工作、小孩、課業需要兼顧，但是也給了孩子一個很好的身教，我們都應該「活到老學到老」。我希望讓孩子知道，在年輕的時候，多增加自己的知識，如果年紀大了，才去補強自己的不足，其實是辛苦的一件事。如果我的孩子，從小就缺乏讀書的興趣，那也勉強不了他；但是真的感謝老天爺，他賦予孩子很好的天賦、資質，所以他的功課從來不用讓我操心。我先生後來也進了大學的在職專班研究所。雖然這個過程不輕鬆，但我們相信，這都是給了孩子一個最好的身教示範。

有了自己的前車之鑑，我希望自己的孩子，在踏入社會時，就已經準備好基本的工作技能，而不要進入職場以後，才發現很多的不足。所以讓孩子提早學習日文、英文、電腦方面的課程，只希望他在未來社會競爭的路上，不要輸在起跑點。

因為如此，當我發現孩子是資優生的時候，心中不免有了一個想法；希望他能夠擁有一個很好的文憑，囿於家貧無法達成的願望，昱翔未來都可以輕鬆實現。只是我不像一般父母採取強硬的態度；反而轉換成指導生涯規劃課程的作法，提早告訴孩子，如何規劃自己的人生。

「兒子，爸爸要到上海去努力打拼，我將我們最心愛的女人交給你了，我希望你能夠代替爸爸，好好的照顧媽媽。」

孩子成長的過程中，由於先生工作十分忙碌，外人看起來，我好像是孩子成長過程的一個推手，事實上，昱翔的爸爸一直扮演支持者的重要角色。孩子的成長，最害怕父母的管教方式不一，而他一直很支持，我對孩子所做的一切，在過程中，他絕對是個加分者。除了支持之外，他同時也是個糾察隊員，他會提醒我，管教的方式是不是太嚴格了，或是剛才的表達方式可能不太好……等。在孩子的面前，他永遠尊重我跟孩子的互動，也對我非常的照顧及疼愛，完完全全符合一位父親最好的身教。

五、六年前，他決定到上海去發展，我記得某個假日，他向孩子說的一句話：「兒子，爸爸要到上海去努力打拼，我將我們最心愛的女人交給你了，我希望你能夠代替爸爸，好好的照顧媽媽。」這樣語重心長的交代，我的孩子他聽進去了，也證明他真的長大了。

我常常在一整天課程後回到家，疲累不堪的時候，兒子會貼心的幫我放洗澡水，不時的提醒我不要睡著，洗完澡後，他會幫我按摩直到我入睡，很多人認為只有女兒會做的事，我能夠很自豪的說：「我兒子也做得到。」有時候他陪我去喝下午茶，會跟我侃侃而談在學校的一切；他也陪我逛街買東西；他總會帶一本書，默默坐在沙發上等待我，等我買完了，再貼心的幫我提東西。我想這些動作的表現，除了是我跟他之間愛的建立，最重要的是，先生給了他一個，男人應該好好照顧女人的良好示範。我的生命中能有這兩個男人真的很幸運，當然，我也認為自己是一個用心愛家、愛老公及孩子的平凡女人。

上 / 昱翔與媽咪全家福合影
左下 / 昱翔爸爸於大安獅子會會長就職典禮與馬總統合影
右下 / 昱翔與爸爸全家福合影

第一章
chapter1

老師說，
我的孩子有問題

1-1

跟桌子道歉的小孩

媽咪：你為什麼打桌子？

兒子：因為他害我痛痛！

媽咪：桌子沒有動，是你撞到它的，你現在跟它道歉！

自己是一個很愛小孩的人，所以在生孩子之前，很擔心會將心力都放在孩子身上，無法繼續當一個稱職的好老師，於是我跟先生討論後達成協議，如果是生男孩的話，就只生這一個，我會全心全意把他照顧好，但是另一半的時間，必須留給我的學生。所以當我生下兒子時，我覺得相當滿足，這個寶貝來的正好，我可以少生一個，事業與家庭也可以兼顧。

我給自己訂了一個很重要的守則：「不管我再怎麼喜歡這個工作，還是要以兒子為重。」

然而，正因為是獨生子，給自己的壓力也比較大，傳統的觀念裡，也覺得兒子將來要負起重責大任，所以從他呱呱落地時，我就開始規劃他的人生，我不知道這樣的做法對不對，我只知道自己會用全部的愛來照顧他。

雖然我很喜歡當老師，但在有了小孩之後，我給自己訂了一個很重要的守則：「不管我再怎麼喜歡這個工作，還是要以兒子為重。」所以即便我的小孩從幼稚園時，就一直是保母在照顧，相對於我自己，也很早就做了生涯規劃，我決定從兒子念小一開始，我就要陪伴在他身邊，一步步的看他成長。

幸運的是，我有一位很不錯的保母，就是我先生的姐姐，她自己有三個小孩，很有帶孩子的經驗，在生活與健康等各方面的照顧，我完全沒有後顧之憂。雖然姐姐她並沒有讀太多的書，但是對孩子的一些教育，以及陪伴成長的過程，她是很用心、很優秀的。

兒子還小的時候，我特地到麗嬰房或奇哥去詢問，那時很多父母都會買，可以將插座孔封起來的安全插座，避免小孩拿東西在插座孔上玩，不小心觸電或造成危險。我買了一大堆到保母家去，但是卻被全數退貨，我當下覺得相當疑惑。她的理由只有一個，她認為不是把危險物品收拾乾淨，好讓孩子避免傷害，而是教導孩子這是不能碰的，是有危險性的。

某一次有人到姐姐家去泡茶聊天，在燒開水時，大人總是叫孩子走開，不要接近滾水免得燙到，但是她教孩子的方式不太一樣，她除了告訴孩子，熱水很燙不要靠近以外，甚至還會拉著小孩的手，輕輕的點一下熱水，讓小孩知道水是很燙的。這些教育孩子的理念，都給了我很多的啟發。

姐姐對孩子的教育有基本的標準，她不會把家裡的東西這邊護起來、那邊護起來，她會很嚴格的告訴孩子，不好的、有危險的，不能碰就是不能碰，而不是把它貼起來。她告訴我一個很正確的觀念，即使妳把家裡貼的好好的、護的好好的，如果有一天孩子到別人家玩，

1993 年 baby 時的昱翔

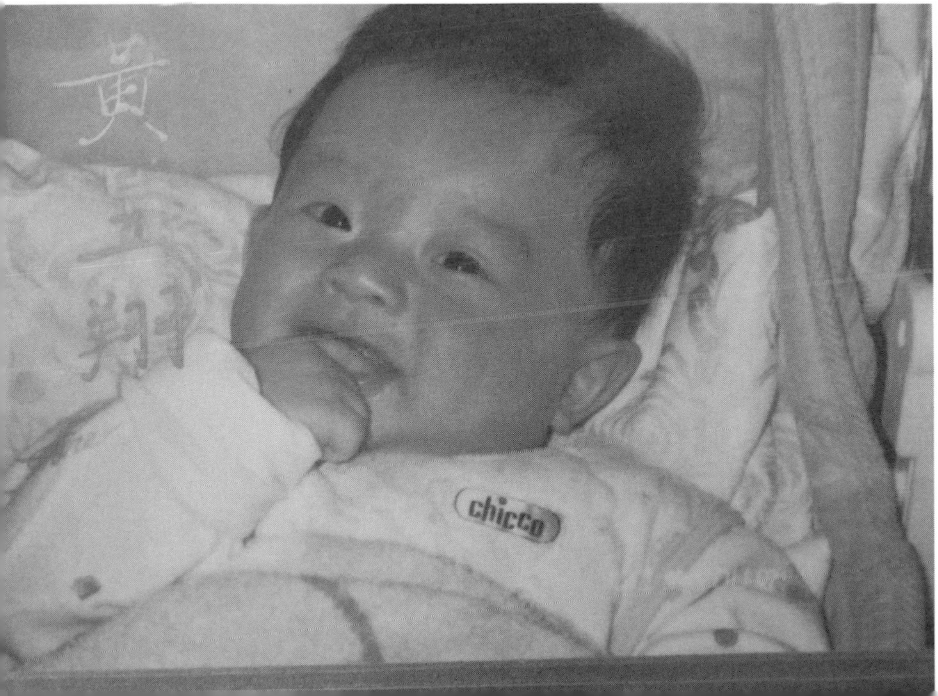

他們沒有護起來，是不是他就不曉得那是危險的？還是會去玩沒有護起來的插座孔，並有可能觸電？

所以對於孩子本身而言，該教導孩子的是，什麼事情不該做、什麼事情是該做的，對於初為人母，很保護小孩的我來說，她給了我正確的觀念和想法。

■

昱翔二、三歲時，有一次撞到桌腳，通常大人都會輕拍桌腳說：「壞壞！害你痛痛！」於是他也有樣學樣，打了桌子幾下。我見狀便對他說：「不對，你為什麼打桌子？」兒子說：「因為它害我痛痛！」我說：「這樣不對，桌子在這裡它不會動，所以是你自己去撞到的。你現在跟桌子道歉。」我一直記得這個畫面，我兒子站在桌子前，跟桌子點頭道歉說：「對不起，我撞到你了。」

我覺得這是很重要的一種教育模式，讓他從小就知道，不能把過錯歸咎於別人。有太多的父母容易安慰自己的孩子；但其實不然，勇於承認錯誤和反省是好的，懂得自我檢討，才能使孩子更上一層樓。現在他還不到二十歲，但是我們很少聽到昱翔對人、事、物的埋怨，或怪罪別人，甚至批評別人的不是。這種有禮貌，並且謙遜的態度，是我們夫妻欣慰的地方。

他會摀著嘴巴，小小聲的跟阿姨說：「妳等我一下，我又要去溝通、溝通。」

在兒子二歲時，我就跟他建立一種雙向溝通的模式，事實上，當他還在肚子裡時，我就天天跟孩子說話，說些什麼也記不得了，只當作他聽的懂，每天都對著自己的肚子說話。

1995 年 1 歲半的昱翔

約莫在他十六個月大時，有一次，我一如往常的跟他說話，卻意外的發現，他竟然會說一些，小時候我對他說過的話。當他一兩歲更會說話時，他所說出的話語，有些也是我曾經對他說過的事。原來這些日復一日，看似自言自語的對話中，孩子是有印象的，是真的聽進去了，所以我深深相信，這些話語他是理解的。

大家都說我兒子所說的話和表現，相較於其他孩子是超齡的，也許是因為自己一直用超齡的方式在教導，把他當成大人在溝通，我也當作他都懂，讓他能慢慢的接受，家庭所賦予他的觀念和想法。

小時候，當他有較不當的行為時，我就會叫他過來，這時候他會摀著嘴巴，小小聲的跟旁邊的阿姨說：「妳等我一下，我又要去溝通、溝通。」但令人印象深刻的是，從孩子臉上的表情所展現出的，不是對溝通這件事感到厭煩，而是顯露出理所當然的樣子。別的小孩子可能會覺得，又要被媽媽罵了，我兒子不是，而是很欣然的接受這種方式，這是我們親子之間，從小就培養出的良性互動。

這種模式也養成我們之間，在平常生活時溝通、聊天的習慣，直到他現在已經是大學生，每週至少我們有一天會坐在一起吃飯，聊平常生活瑣事，即使我比較忙碌，不一定有閒暇時間，坐下來溝通彼此的觀念與想法，但至少還是會聊聊學校發生的事，或聽聽兒子有什麼心情，我想這是親子互動裡，還蠻重要的層面。

大多人都說，孩子的成長過程是需要陪伴的，對我來說，陪伴不只是陪他讀書、做功課、遊玩，也需要陪他聊天，了解彼此之間的想法，並維持良好的溝通方式。這是一件很重要的事情，如此一來，當孩子有心事時，他才會願意與父母分享、對談，也才能了解孩子心中，真正的想法與喜怒哀樂，並給予正確的觀念、建議。

上／昱翔與爹地哥倆好
左下／昱翔和他的獎杯們合影
右下／昱翔參加詩歌朗讀比賽

1-2

今天不買東西

媽咪：我們今天只去逛逛，不買東西。

店員：弟弟，喜歡的話叫媽媽買給你啊！

兒子：阿姨，媽咪說今天不買東西，借我摸一下就好。

在教育自己孩子的過程中，有件很重要的議題，叫做「行前教育」，就是每次要帶他出門、或是要做任何事之前，都要把話說在前頭並講清楚。我認為對於小孩子的教育，不要老是給孩子當頭棒喝，孩子也是需要被教導的。譬如今天要出門，在出發前就會先告訴他：「媽媽今天帶你出去逛逛，我們今天不買東西；或是你今天可以買一本書，或一樣東西。」事先溝通好，讓孩子自己同意了，才帶他出門。這樣的方式，能養成孩子重視承諾，讓他知道自己答應的事，就必須要做到。

兒子從小也不是百依百順的，他有很多自己的想法，也有很多不能接受的。昱翔常常問我為什麼，可是我會花上一般人無法想像的時間，跟他你一句、我一句的說明、論理。但是最棒的地方在於，一旦他答應的事，我絕對不用在背後偷偷監視他，也不需要去查證他表面上的行為，是否跟私底下不同，言行是否一致，他真的從小到大都蠻表裡如一。

「阿姨，媽咪有說，今天不能買東西，只能摸一下，這樣東西可以借我摸一下嗎？」

小時候，我們帶他出去買東西，店員總會在一旁說：「喜歡就叫媽媽買啊！」這時兒子就會很認真的跟店員說：「阿姨，媽咪有說，今天不能買東西，只能摸一下，這樣東西可以借我摸一下嗎？」店員理所當然會推銷我們說，小朋友喜歡就幫他買這類的話，於是他只好又重複一遍剛剛說的話，我們出門常常都碰到這種情況。

還記得，第一次帶他去香港的玩具反斗城，那裡的規模大概是台灣的三倍大，小孩子當然是非常的喜歡、非常的興奮。但是在進去玩具反斗城之前，我就告訴他：「你今天只能買三樣東西喔。」我沒有給他金額限制，因為那個年紀對錢的多寡還沒有概念，等他點頭答應之後，我們才進到店裡。

這時的孩子真可愛，第一樣和第二樣玩具他挑得很快、很興奮，到第三樣的時候，他開始想到今天只能買三樣，於是開始一直換玩具。第一樣和第二樣，大概是他最喜歡的，所以沒有更換，但是第三樣讓他猶豫了很久，一直換、一直做別的選擇。

想像一下，看著他這樣小小的孩子，在玩具反斗城裡，萬分為難不斷換玩具的過程，身為大人的我們是有些捨不得，隨行的母親，也在一旁說：「沒關係，喜歡阿嬤買給你！」就連自己心裡都想著：「沒關係，你喜歡就買吧！就買吧！」在這當下，不只是兒子挑玩具為難，我們大人也在天人交戰啊！我也只是個平凡的媽媽，真的好幾次差點脫口告訴他：「我們難得跟家人來香港玩，沒關係，你喜歡的話，媽媽就破例多買幾樣給你。」我覺得教育小孩這件事，有時候父母比孩子還容易動搖。

其實重點並不是在幾樣玩具，也不是買玩具的錢，而是我們希望讓他學習重承諾，那身為父母當然也要以身作則。於是便轉過頭，跟我媽媽說：「媽媽妳不要想幫他買，我們讓他自己做決定。」好不容易，他終於決定了是哪三樣玩具，也沒有多要求什麼，我問他：「確定就這三樣了？」他點點頭回答：「嗯，我選好了！」於是我們結了帳走出店門。在這當下，我認為自己做了最好的決定，品格教育，應該是從這種小地方的堅持，這對父母與孩子而言，都是相當重要的。

在兒子五歲時，我就開始帶他出國，有親友說，這麼小出國去玩，他也看不懂，何必浪費這個錢。但是我認為，一個人看事情的視野，絕對是從小培養出來的。

我自己的原生家庭，經濟狀況不是很好，從小我們兄弟姐妹都很辛苦，根本沒想過要出國這件事。我一直很記得，自己念大學的時候，在一個有錢人家當小孩的家教老師，那個孩子念的是薇閣，也就是俗稱的貴族學校。當時的薇閣，一個年級只有一個班級，在那個年代能夠請家教老師，想必環境是非常優渥的，我從小三教到小六，每一年的寒暑假，他們都會出國去度假。

當時我壓力非常大，因為在小孩子心目中，老師應該是什麼都會，可是我真的連國內的飛機都沒坐過，更別說是出國旅行。當他們回來要上課的時候，都會很興奮的說，他們今年去哪裡玩，問我有沒有去過，答案當然是沒有……。

那種感覺真的很遜，當學生跟你聊這些的時候，視野的確是輸人家很多，當然這也不能夠怪罪任何人。後來我想了一個辦法，我在他們出國前問：「今年你們會去哪裡？」我就利用他出國的時間，去找這個國家相關的資料，至少他回國時可以跟他搭上一些話。

那時候，我的心中便醞釀出一個想法，就是希望將來我的小孩，不要跟我一樣，至少他在跟同學聊天的過程中，不是什麼都插不上話的那個人。雖然我們不能選擇父母和出生的環境，但並不代表他就必須一輩子跟別人有所不同，我也明白這一點，所以在年輕的時候，就下定決心要改變自己。我告訴自己要非常努力，讓我的孩子過著有品質的生活，這樣的想法，正是為什麼，我要從兒子五歲時，就帶他出國的主要關鍵。

另外一個原因是，兒子很喜歡雕刻，所有他看的埃及圖片，幾乎都是在講雕刻和畫，那時候，我跟他爸爸都思考，要如何要讓他看到立體、實體的東西，而不只是平面的圖片。所以那時候，我最常帶他參觀的地方，就是故宮博物院，因為故宮有很多雕刻相關的物品，再來就是花蓮石雕展。雖然當時也沒發現，他在這方面有甚麼特殊的才能，只是單純順著他的興趣。

帶他去故宮的過程中，我發現一個比較特別的地方，我們每去一次故宮，他就會買一本書，差不多隔兩個禮拜，他把書看完了，就會跟我說：「媽咪，我們再去一次故宮。」我問為什麼，他說因為在書上看到的圖片，可以在故宮看到實體，兩相對照之下，那種感覺比單純看圖片來得有趣。

於是大概從他五歲開始，一直到他小學，我們最常去的地方，就是故宮博物院、歷史博物館和美術館。那時候，小學星期三下午是不用上課的，而我也會刻意將課排開，所以每個禮拜三，就是我們母子的知性之旅。我會帶著他去各個地方看展覽，慢慢他長大了之後，會自己上網查資料，告訴我哪些地方有什麼樣的展覽，我們一起去看。

很多人跟我說過，他們的小孩去故宮無法久待，但是我的兒子，甚至比我還有耐心，常常一待就是整個下午。那時，故宮不時會有特展，門票會印上有關展覽的問題，填寫答案後可以抽獎，有時候回答不出問題，只好去問他，這時他就會開玩笑的跟我說：「吼，媽咪，叫妳多讀一點書妳就不要！」這段故事，令我印象十分深刻。

昱翔與媽咪合影於羅浮宮

要讓孩子知道，很多事情不只是書裡的圖片而已，書本裡的很多東西，都是可以被證明的，就像是書本裡所教導的道理，科學的法則……

有一陣子他開始對畫有興趣，我就訂了一整套，知名畫家的畫冊給他，讓他認識每位畫家的每樣作品，所以他對莫內和雷諾瓦……等等的，這些19世紀的畫家都非常熟悉，他很喜歡這些東西和作品。有一次好像是奧賽美術館來展覽，是印象派的畫展，裡面有一幅畫，是一個拿著桶子的女孩，我就問我兒子說：「兒子啊，那個拿桶子的女孩是什麼畫？」他一副哭笑不得的表情說：「喔，媽咪！那是安格爾的汲泉女，叫妳看書妳都不看書，什麼叫做拿桶子的女生……很好笑耶！」

每次去美術館買門票，門票後面都有一些問答題，他進去看一遍就全部答完了，我可能才答一半，只好問他說：「這幅我剛剛可能沒看到。」這時他又會呈現同樣的表情說：「喔，媽咪！妳認真看嘛！」他就又帶我到那幅畫前面說：「在這裡！」看展覽的時候，我比較沒耐心，不像他總是很認真的，一樣、一樣慢慢欣賞。

後來我開始帶他去香港，香港有一個地方，是專門賣中國風的東西，我故意帶他去那裡，看看中國的各式雕刻。那時候，剛好是他的生日，阿姨答應送他一個禮物，所有的小朋友，可能都是買玩具之類的東西，結果他選的禮物，居然是一幅中國龍的畫，我們都嚇了一跳，問他說：「你確定要這個嗎？我們明天要去玩具反斗城喔！」他說：「對，我要這個！」我們說：「你不考慮一下嗎？玩具反斗城耶？」他相當認真的說：「對！我就是要這個！」除了這幅畫，還買了一些小型的雕刻品。自從這次以後，我們只要有去大陸，都會盡量幫他買一些，他以前在書上看過的雕刻品，不管是真品還是贗品，為了他，我們甚至把大的青瓷花瓶抱回來。

這樣做的目的，是要讓孩子知道，很多事情不只是書裡的圖片而已，書本裡的很多東西，都是可以被證明的，就像是書本裡所教導的道理，科學的法則……等等。為了讓孩子對藝術有深度涉獵，我們確實花了比一般父母還要多心血。

1-3

老師說我愛講話

兒子：我去香港買的禮物是雕刻跟畫畫。

老師：真的假的？不是玩具？

媽咪：是真的。

大部分父母都會有一個通病，就是認為知識的教導，是學校老師的事，父母只要照顧好孩子的生活起居就好；我個人完全是不認同這樣的想法。就知識的啟蒙來說，在昱翔三歲的時候，保母家的小姊姊，剛好帶了一本古埃及巡禮的畫冊回來。在畫冊裡，印上很多古埃及雕刻、雕像的圖片；小孩可能第一次看到，這麼厚的一本畫冊，便好奇的去翻閱，沒想到卻越看越有興趣，就從這時候開始，養成他閱讀的習慣。

一般畫冊在圖片下面都有文字說明，昱翔會用小小的手指，指著圖片問：「這是什麼？」誰在旁邊就負責回答他。保母跟她的先生，加上三個女兒，還有我跟爸爸，總共七個人，一張圖片念七遍以上，因為他還是會忘記嘛！所以同一本書，他可以叫我們念七遍給他聽，他自己也不厭其煩的重複聽七遍，小孩一本書、一本書的問，重點是我們所有人，都配合的很好，絲毫沒有不耐煩的，一次次念給他聽，每一本書都是這樣看完的。所以在他四、五歲時，就可以把好幾百隻恐龍的名稱背下來。

你們一定心想，孩子年紀這麼小，怎麼可能認識字，沒錯，他完全是圖片記憶法。他把文字當作是圖型來記，例如「龍」這個字，他念了七次這個字，就知道它叫做「龍」。

只要看到圖片，他就可以念出恐龍的名字。

一般三歲的小孩，經常是精力旺盛的衝來衝去，在沙發上跳來跳去，但他從小就是那種斯文型的，一本書抱在身上，就可以在那裡坐很久。這個過程，養成了孩子能夠容易的定下來看書；我覺得用興趣去引導小孩的專注度，是他在未來求學過程中，很重要的關鍵。昱翔從三歲開始，幸運的培養出專注的特質。這也是他往後，可以比別人輕鬆讀書的本錢。

我給孩子一個定時器，並且教他怎麼使用：二十分鐘內，要將功課完成，「二十分鐘」是比「趕快」來的具體些。

當然時下也有一些孩子，缺乏自我管理的能力。我記得在昱翔國中時，開了一個懇親會，大家討論下，發現我兒子不像一般孩子，上了電腦就下不來；其他家長好奇詢問，為什麼沒有這方面的問題，我說：「因為從小幫小孩養成時間觀念的好習慣。」兒童不懂「快」的定義是什麼，如果大人要他趕快寫功課，孩子是不懂的，他會一邊摸魚一邊寫功課，花了很多時間，可能才寫兩頁。當我們不耐煩再度責問他，怎麼會寫這麼慢，孩子可能會無奈回答：「很快了，昨天才寫一頁耶！」這時候要很具體的告訴他，什麼叫做「快」。

小時候，我給孩子一個定時器，並且教他怎麼使用：二十分鐘內，要將功課完成，「二十分鐘」是比「趕快」來的具體些。當定時器響起時，就代表時間到了，如果沒有寫完，也知道花了多少時間在寫作業，明天小孩可能就可以說，需要三十分鐘或多久時間寫功課才夠。這過程中，慢慢養成他對時間的概念，久而久之，就能讓孩子學會自我管理。這部分對未來讀書方面，其實是有很大的幫助。

我們常習慣對孩子說：「打電動不要打太久喔！」這時就無法定義「太久」是指

多久了。而我跟兒子的承諾是，假設每天可以打三十分鐘的電動，讓他自己把定時器的時間設好，在時間內玩電動，我不會囉嗦，但是如果時間到了，還不停止的話，就從明天打電動的時間去扣，不要一直去催、去喊，把孩子當大人，小孩的事情交給他自己去處理。我覺得從小把他當大人來教，是很重要的事情，就像我們大人之間常常需要溝通一樣，因為溝通是雙向的，才能互相了解。

目前雙薪族家庭，囿於時間限制，都會提早把小孩送去幼稚園，念幼幼班、小班，一待就是一整天，我沒有這樣做。他讀中班的時候，我只有讓他念上午去參與團體生活，下午去念才藝班，可能是兩天珠算、兩天畫畫之類的，當然也感謝保母，都能配合我的要求。

記得他剛上中班的時候，幼稚園老師跟我說，昱翔可能對文字比較敏感，他五歲就會看報紙，而且看的是大人的報紙，還可以把報紙念給你聽。也許是自己習以為常，不覺得有什麼特別的地方，以前也不懂那個感覺，一直到老師提醒了我，才感覺他似乎有點資優的潛質。

但是才去上課沒多久，老師就在聯絡簿上寫了「問題兒童」四個字，我實在不知道是為什麼，因為他是很斯文、乖巧的孩子，既不好動又不是過動兒，所以我只好去找老師談談。我問老師所謂的問題兒童，指的是什麼，老師告訴我：「他太愛講話。」我說：「什麼叫太愛講話？」老師說：「我每次問問題，問題還沒問完，他就把答案講出來。」我納悶了再問：「老師，那他有沒有舉手？」老師說：「有啊！他有舉手。」這下，我有點生氣了：「既然他有舉手，又知道答案，那為什麼你不讓他說話？」老師給了一個讓我啼笑皆非的答案：「因為一直只有他在舉手發言。」意思就是只有他在回答，別的小朋友都沒有。

小孩子只會覺得，我有舉手，你怎麼不叫我，又沒有其他小朋友回答，所以就直接講出答案阿。就這樣老師居然說是問題兒童，理由是剝奪其他小朋友學習的權利。這個事件讓我痛心思考，是我的孩子有問題？還是台灣的教育有問題？我真的不知道……。

講到教育，老師對孩子當然是重要的啟蒙者，我很感謝這個主任，因為這個老師懂得適才適教，而且她發現昱翔的人文特質，也讓孩子有表現的機會。

後來我跟這個老師溝通，昱翔應該是沒有問題，因為孩子只是稍微比別人有自信一點，想要對老師有所回應。後來我去見了園長說：「假設貴校真的沒有辦法教育我的孩子，那我考慮幫他轉學。我們不希望老師把孩子當問題兒童來教，這樣會抹煞他的。」園長人很好，他跟我們討論說：「那把昱翔轉到我們主任那一班吧！主任30幾歲，自己有小孩也比較有豐富經驗，你說好不好？」我想想說：「好，那就再試一次吧！」

講到教育，老師對孩子當然是重要的啟蒙者，我很感謝這個主任，因為這個老師懂得適才適教，而且她發現昱翔的人文特質，也讓孩子有表現的機會。有一次我帶兒子出國回來時，老師就特別請他上台，分享出國的事。那天下課我去接他，老師跟我說：「你兒子很棒耶！」我說：「怎麼說？」老師說：「他一上台就跟同學說，這個暑假我去香港玩，所有小朋友都在選芭比娃娃、無敵鐵金剛、戰鬥火車，只有我跟別人不一樣！因為我選的是雕刻或畫畫。」老師還問我：「他說的是真的、假的？」我笑笑的回答：「是真的！」

這件事提醒我，事實上我對自己的孩子，跟其他小孩不太一樣，曾有過一些懷疑，但始終不理解到底哪裡特別，而老師的反應，也點醒了我自己，如果未曾讓孩子上幼稚園，那我將要花多少的心力和時間，甚至何時才能挖掘這個孩子的特質？多數的父母，常習慣將親子教育全數委任學校老師處理，但昱翔問題兒童事件，提醒了我，孩子不能只交給學校處置，要深入了解他們在學校所碰觸的問題。

這時候，我也十分猶豫台灣教育的一些問題點，很掙扎該不該在這麼小的年紀，就把他送出國，我絲毫沒有怪罪，把兒子當成是問題兒童的老師，我只是覺得，他給了我一個警訊。像昱翔這樣的小孩，在台灣的教育體制下，我是不是該有不同的方式來教育他，如果我把他當一般的小孩，只是單純的送去學校，交由不適任的老師指導，也許我的小孩，就不會是今天這個樣子。

上 / 爸爸 50 歲生日昱翔送自畫作
下 / 全家同遊花蓮

1-4

等考一百分再玩

媽咪：媽咪現在要罵你，我猜你一定都沒有寫評量。

兒子：媽咪是你沒檢查，我都有寫耶，
　　　你不是說要把自己照顧好嗎？

媽咪：對不起，是媽咪誤會你了⋯⋯。

有很多親友問過我，怎麼不把小孩送出國？說真的，我們也不是有錢的家庭，不可能小小年紀就把他送出去。另外，我一直覺得自己，有教育養育孩子的責任，孩子也有陪伴父母的義務，我幹嘛把他生出來又把他送出去？！如果是大學畢業後出國深造，我是相當支持，再怎麼樣也至少要念完高中，這是我心目中的的標準。既然把孩子生下來，陪伴著成長，也是父母的樂趣跟快樂啊；我又何必把他送到國外，然後自己孤孤單單的留在台灣，當成賺錢的機器。我不知道這個議題的對與錯，但是一直以來，夫妻倆堅持這樣的想法。

孩子的成長過程中有個關鍵，教育是一塊，另外生活中的價值觀是一塊。

多數企業家，選擇把孩子送出國念書，當然ABC也沒什麼不好，但畢竟是在國外成長，我想那不是我要的文化、不是我們家庭的價值觀，這也是我不急著將他送出國的主要原因。在我的觀念裡認為，孩子的成長過程中有個關鍵，教育是一塊，另外生活中的價值觀是一塊。假設今天我兒子是天才，我把他送出國念書，可是當他在天才養成的過程中，誰來給孩子正確的人生價值觀？

價值觀這種事，是耳濡目染養成的，我們做父母的，可以給他很多的身教和影響。事實上在昱翔的成長過程中，這也是他自己頗為認同的地方；他認為我們這對父母給他最多、最豐富的，並不是來自物質上的享受，而是他認為最好的「生命價值觀」。一個優秀的孩子不能只是會讀書，或者只是將他天才的部分挖掘出來，好的孩子應該是全方位的，除了讀書以外，宏觀的價值觀、基本的禮貌，都應該要具備。

■

昱翔小學一年級的時候，我正要去念研究所；事先，我把兒子找來，跟他溝通、溝通。我說：「媽咪現在想要去念書，你要不要支持我呢？」他回答：「我要怎麼支持妳？」我笑著說：「支持我最好的方法，就是照顧好你自己。」他又問：「照顧好是什麼意思？」我回應：「你自己要定時把功課做好，因為媽媽可能無法一直盯著你，自己該做的事要做好，不用讓媽咪替你操心。這樣你可以嗎？」他用天真無邪的表情看著我說：「就這麼簡單嗎？」我笑著說：「如果你能自己把功課寫好，把自己管理好，可以做到這樣，媽媽就可以很放心了。」他很認真看著我，點點頭：「好啊，我答應妳！」

這段事件有個插曲，因為我兒子小時候雖然不好動，但不愛睡覺，所以上小學大家趴著睡午覺的時候，他其實都沒有睡。我問他：「大家在睡午覺的時候，你都在幹嘛？」他說：「我都在東張西望？」我問：「那老師有沒有規定，每個小朋友都一定要睡午覺？」他說沒有，我說：「這樣好不好，媽媽買一些練習題（評量）給你，一天寫一篇就好，你如果不想睡覺的話，就拿這個時間來寫評量。」他也很欣然的接受了。

其實，一天一篇評量，對孩子是沒有負擔的，不過累積起來是很可觀的。所以我就買了很多閱讀測驗、數學測驗及成語故事……等。他每天寫一篇，剛開始我比較有空，都會每天檢查，然而，後來研究所越來越忙，就沒時間天天看。直到有一次，我大概有20天沒有幫他檢查評量，一般正常的孩子，父母沒有檢查一定不會乖乖寫。結果我預設立場的把他找來，我說：「黃昱翔你過來！」他說：「媽咪，什麼事？」我說：「我現在要罵你。」他一臉狐疑的說：「為什麼要罵我，我做錯了什麼事？」我以一副很自以為是的口吻說：「我猜你一定沒有寫評量對吧？」他急忙回答：「媽咪，是你沒有檢查耶！我每天都有寫耶，你不是說要把自己照顧好嗎？」說完，就把評量拿來給我，一篇一篇翻給我看。他全部都按照規矩，我雖然沒有檢查，他可是一樣照規矩寫。就在當下，我抱緊他，跟他說：「對不起，媽咪誤會你了，你很乖、很棒。」這下讓我既感動又慚愧，我這個做母親的，竟然以小人之心來預設自己的孩子。當看到每一篇該寫的進度，都寫得好好的，他真的做到自我管理，那時候孩子才小一、小二的年紀。

小三的時候，又發生了另外一個故事，那時候他已經是數理資優生，某一次考試，他的數學沒有考一百分，顯然小孩很在意這件事，在回家路上，明顯的看出有些不開心。回家後他把所有的神奇寶貝、遊戲王的卡片全部翻出來，找了一個箱子，把卡片通通丟進去，再用繩子綁起來。我好奇的問他說：「你在幹嘛，為什麼要把它們綁起來？」他很認真的告訴我：「媽咪，因為我數學沒有考一百分，所以我現在都不玩這些東西，直到我期末考數學考一百分之後，我再拿出來玩。」我真的慶幸，讓孩子學會自我管理，父母變的很輕鬆。後來朋友們都喜歡詢問：「你兒子這麼優秀，到底你是怎麼教他讀書的？」說真的，我很慚愧，因為絕大部分都是他要求自己，比我要求他還要嚴格。

媽咪研究所畢業典禮

1-5
我的副業是陪讀

兒子：這些漫畫翻譯的都不好。

媽咪：翻不好，那你不會自己學日文啊！

兒子：好啊，我就是要去學啊！

他小一要升小二的時候，全班每位同學都要做IQ智力測驗，那時候，昱翔的班導告訴我，孩子的IQ是全班最高分；同時，老師也講了另一段話，他認為孩子IQ很高的原因，可能跟他去過很多個國家，所以視野比同年齡的孩子來得寬廣，聊天的內容也比較廣泛。但是我相信，除此之外，這跟他喜歡接觸多樣化的事物，也是有關聯性的。

那時候，我不知道學校資優班的考試，還以為只是學校做的IQ測驗，這個考試有分三個階段，假如他們班有30個人，第一輪有15人被淘汰掉，剩下的15位同學，就可以做第二輪的測驗。那時候學校有通知我們，他通過了第一輪的考試，詢問我們，是否讓他參加第二輪的測驗，我當下只是抱著讓他試試看的心情。

第二次考的是語言與非語言，考試當天我陪著他到學校，這是第一次陪孩子考試，感覺就像是考聯考一樣，一直到當時，我才知道這是考資優班的測驗。

聽說大概有50~100題選擇題，很多孩子出來都跟父母說他們寫不完，不過可能是因為昱翔看得懂文字的關係，他說那些題目實在是太簡單，想當然，他又通過了第二階段。之後學校一樣發通知給我，如果第三階段也過了，就可以讓他念資優班，我們心想，就再讓他試試看，要不要念再說。

最後一個關卡是口試，因為資優有8個項目，所以是8個老師問他問題，看他的回答正不正確。我的孩子不是全方面資優，像是天文、自然那方面的問題，就比較不清楚，所以他回來後跟我說，他感覺這次不會考得很好，我問：「為什麼，老師問了你什麼問題？」他說：「老師問我快要下雨的時候，雲會有什麼變化，我不知道耶。還有一些我也不會回答。」但是資優班篩選，並不是看全部科目，譬如老師就覺得他在數理上有資優，所以最後他還是進了資優班。

我一直記得那時候班上30人，就只有他一個上資優班，全校大概是800多個學生，只選了30個學生上資優班，所以從小二就開始上資優班。資優班的做法，是平常在本來的班級上課，每個禮拜有8堂課，他們會抽出來，去念資優的科目，這個過程，也奠定了他數學的基礎。

金華國中劉慶麟老師，他矢意要為台灣培養一些數學的人才，教導數學不收任何費用，前提是要先看看學生的資質，而且還要和家長懇談。

在他小三的時候，因為朋友介紹，認識了一位金華國中劉慶麟老師，他矢意要為台灣培養一些數學的人才，教導數學不收任何費用，前提是要先看看學生的資質，而且還要和家長懇談。拜訪劉老師後，他對兒子很滿意，接著對我說：「家長要比較辛苦一點喔！」因為每個禮拜，不僅要接送他上下課，連家長也要陪同上課，因為老師是義務制，假如有8個孩子跟老師一起學，老師只講解一遍，如果孩子的領悟力沒有那麼高，家長要幫孩子寫筆記，然後在家幫忙複習，所以要求家長全程陪同上課。於是從小三到國三，我兒子就一直跟這位老師，學了正統的整套數學，這奠定了他後來，考高中基測、大學學測非常重要的基礎。

說實在，這六年是蠻辛苦的。我先生每個禮拜天，都要去載老師到上課的地方，我則要陪兒子上課，下課後再載我們回家，六年來幾乎從不中斷。為了要教兒子數學，我自己要先做一遍才懂，所以我連在捷運上，都在算小學、國中的數學，甚至還有人問我是不是數學老師。這段學習的路上，我就是這樣的陪伴他。

不過也許是求好心切、揠苗助長，加上他對數理其實沒有特別喜好，之後反而對數學有些排斥。上高中之後，反而轉成第一類組，並沒有善用自己原本的數理資優。但是還好基礎打得很好，數學的成績並沒有因此落差太大，而且我後來發現，他的語言天份更勝於數理。

兒子平常很喜歡看漫畫，台灣的漫畫大多都是日本翻譯過來的，有一次跟我說：「那些漫畫翻譯的都不好。」我順口回了一句：「翻不好，那你不會自己學日文啊！」就這麼一句話，他很開心的說：「好啊，我就是要去學啊！」於是他從國一開始，一路學日文到高一，短短四年內，他就把日文最高級一級檢定通過了。英文的程度也還不錯，在這裡，我看到他自己所想要的，不管有沒有天分，至少是他有興趣的、努力過的，都有好的回響。

上／小四的昱翔參加奧林匹亞數學比賽得獎與校長合影
下／昱翔與父母居家生活照

爸媽 Q&A：放任還是嚴格

我希望自己做一個民主的媽媽，所以什麼事都要跟兒子溝通，但是當我太民主、太放任的時候，心中另外一個聲音會悄悄萌生，擔心別人說昱翔缺乏禮儀。所以當我採取開放的態度，同時，還是會給他一些基本傳統家庭的規範。

教育孩子，個人的理念是，當孩子小的時候，我定下一些基本的規範，像是不可以吸毒、不能偷東西、不能說謊……等等。在這個規範裡，我絕對是個民主的媽媽，同時我也告誡他，如果你乖乖的、表現得很好，規範一定會放寬，如果表現得不好，規範自然就會變得較為嚴格，這是我一直以來的教育理念。

從來也沒有人教我，定下的這些規矩對不對，因為我也只是一個平凡的母親啊！如果真要說，跟別的父母有差異的話，就是我會跟孩子做雙向溝通。溝通變成是一種習慣，就是跟孩子聊天的習慣。大部分的父母，缺乏跟孩子聊天的經驗，只要一開口，就是用申誡的態度，當然造成小孩一聽要聊天，便逃之夭夭。但是我們從小就有溝通的習慣，養成彼此聊天的樂趣。

很多人都說我的孩子早熟。有時候，我甚至覺得他的想法比大人還成熟，因為我們從小給他一個聊天的環境，有什麼想法可以放開心評論，夫妻倆絕對不會告訴孩子：「你的想法是錯的。」通常是等他講完了，我們再提供他客觀的意見，從孩子不斷的「為什麼」問題中，養成他習慣提出各式話題。溝通過後，孩子會知道大人的想法，我想這是他比同儕成熟的原因。

我想告訴所有的父母，只要願意真心與孩子溝通，永遠都不嫌太遲。因為孩子年輕時是非常單純的，所以不管孩子是小學、國中、高中，只要父母願意花力氣開始改變，只要願意認真的坐下來，傾聽孩子的聲音，先不要提出任何反駁意見；剛開始，孩子可能不習慣，可是慢慢的，他會知道，父母是真心想要傾聽自己的想法意見。傾聽孩子，永遠沒有「太遲」兩個字。

但是我們不能今天心情好，才找孩子聊天，隔天心情不好或忙，就跟孩子說我現在很忙，改天再說；如果是這樣，孩子怎麼會信任你呢？所以如果與孩子有溝通不良的問題，就表示身為父母的我們，以前做得不夠好，那麼就要比以前更努力去改善，才有機會挽救親子間的關係。

還有一件事很重要，教育孩子絕對不能帶情緒，這個對孩子的影響非常大。我覺得個人做得還不錯，我老公的EQ又更好，這是夫妻倆對孩子正面影響的地方。因為任何事，只要跟情緒搭上邊，就算你是美意，也會變成惡意。我非常謹守這個原則，絕對不會帶著情緒，說任何話、做任何事。因為要處罰孩子，是要讓孩子知道是自己做錯事而被處罰，而不是因為父母的情緒。

我希望可以透過這本書，告訴有心的父母，因為如果小孩還小，或是你才準備生小孩，那你來的及去養成他所有的好習慣，並建立跟孩子的友善關係。雖然這不是件容易的事，但我真的覺得，能夠跟孩子聊天，是一件很幸福的事。

第二章
chapter2

為什麼
一定要念建中

2-1
禮拜天的植物園

媽咪：你以後的學校就是對面的建中喔！

兒子：為什麼我一定要念建中？

說到學習，兒子大概在小一的時候，朋友介紹了一個不錯的畫室，我心想學畫畫的孩子不會變壞，再加上他自己也很喜歡，所以就讓他去上課了。一直到了國中，很多家長會覺得畫畫和基測、考試，並沒有相關連，為什麼還要讓孩子繼續學呢？我常認為，許多家長面對孩子進入國中，這個求學的關鍵時期，很容易會認為考試就是全部，反而剝奪了小孩原本的興趣。這樣的做法，真的能讓他們書讀的好嗎？我覺得這樣的做法，大大限制了青少年這年紀該有的發展。所以這以讀書為學習目的想法，從沒在我腦海中出現過。

去畫室學畫，並不是希望小孩將來成為一個畫家，或是擁有什麼令人羨慕的才能；只是單純的培養他個人喜愛的興趣，讓孩子有一個抒發壓力的管道。所以一直到了高中，昱翔都還維持著去畫室上課的習慣。後來，他常告訴我，在畫室空間裡畫油畫、素描，還有畫自己最愛的動漫，是讓他非常放鬆的樂事。

其實，孩子並不需要每天坐在書桌前，只要平常專心上課、勤做筆記，利用星期天花幾個小時，專心地閱讀，可能就把當週的課程複習完畢，甚至還可以預習接下來的課程。所以不要認為逼著孩子，天天坐在書桌前，就能把書讀好。像昱翔國中時，就算是段考前一天，也仍然照常到日文課報到，從來不會因為隔天要考試而放棄；所以需要熬夜讀書的經驗，應該是為了看漫畫吧！（一笑）

「陪伴」是在孩子求學過程中，很重要的一件事。以國中時期來說，星期天的時間，我都盡量空出來，經常帶著孩子，到建中對面的歷史博物館走走，博物館的二樓，有一間咖啡廳，我們最喜歡坐在靠窗的位子，往外看，一大片植物園的荷花池美景，十分恬靜且令人放鬆。在咖啡廳裡，我們各埋首作自已的事情，不需要刻意安排什麼，就是安靜陪在孩子的身邊；我們也會一起去欣賞不錯的展覽，或是到郊外踏青逛逛。一直以來，我們的星期天，幾乎都做類似的事情，但是不可諱言的，同時也在暗示著孩子：你將來的學校，就是對面的建中。

昱翔的成長過程中，最令我窩心的一點，就是他從來沒有頂嘴過，或是因為反抗而做出大動作的不敬行為；也不像有些孩子，嫌媽媽一直嘮叨很煩。雖然他並沒有表現出，一般國中生會有的叛逆現象，但是還是可以觀察到青春成長期的不同。小孩開始比較有自己的想法，不像小時候天真爛漫的模樣。初始，他會覺得家長說的話，似乎不再是定律，雖然他還是謹守著，和父母說話應有的態度。例如，孩子曾不只一次問我：「媽咪，為什麼我一定要念建中？」

好多好多的問號，在自己心中揮之不去，也看了一些關於青春期的書，嘗試著如何與「現在的他」溝通。

每一位望子成龍的父母，都期待自己的孩子，可以有一個亮眼的學業成就，所以我告訴他：「你把目標訂在建中，努力的結果，至少有成功高中可以念；但是如果只把目標訂在成功高中，努力的程度，絕對不會讓你考到到建中。」我想這個答案，應該也不是他想要的。在與孩子想法磨合的過程裡，有那麼幾次是充滿擔憂的，雖然我們明知道成績不代表一切，但是整個社會觀點、教育制度氛圍下，哪所學校畢業，似乎也成了孩子未來身上的標籤。

我曾經擔心過去是否用錯了方法？在無形之中，給了他過大的壓力？其實他壓根兒不想念建中，會不會因此，開啟他的叛逆期？好多好多的問號，在自己心中揮之不去，也看了一些關於青春期的書，嘗試著如何與「現在的他」溝通。

相較於許多父母，自己也只是一個平凡的媽媽，我無法完全接受「不讀書也可以很有出息」這番話。即便在他小時候，我曾告訴過他：「如果你擁有一項很特別的才能，那麼我可以接受，你在學業上不是名列前茅；但是很顯然地，你似乎沒有，所以至少把書讀好，那對你來說，是一個安全的成長過程。」於是，我跟他之間的規則，就是先把書讀好，在成績不錯的基礎下，再慢慢發掘其他的特殊專長。

除了「建中事件」之外，基本上他的國中階段，還算令人放心，唯獨他所看的漫畫內容，好像不是特別好，這花費了我更多的時間，去了解這時候的他在想什麼，並且讓他明白，為什麼媽咪會這麼擔心。幾次善意且雙向的溝通之後，他的確試著去調整自己的行為，這是最令我感到欣慰的事，因為他從很小的時候，就會對我說：「媽咪，你不要失望。」也許是從小的觀念建立，我們一直讓孩子明白，父母為他做的事，都是建立在「愛」的基礎上，而他不做讓父母親失望的事，應該也是回應我們對他滿滿的愛吧！

2-2

大海這麼大，圖畫紙怎麼畫的下

媽咪：你為什麼要畫牆壁。

兒子：你們大人好奇怪，大海那麼大，
　　　圖畫紙怎麼畫得下？

從小因為家庭環境的關係，父母親沒有多餘的錢，讓我們去上才藝班。所以在我心裡，一直覺得自己是個沒有專長的人，每當要填寫資料的時候，特殊才藝那欄，永遠都只能填上「無」。

因為這個理由，我很希望自己的孩子，能夠多學一些才藝，包含他學小提琴、畫畫……等。不過僅止於期待，而並非強迫，只要他自己開口說不想學了，我們也不會勉強他，學習才藝，為的只是讓孩子的生活更加豐富。

我的孩子雖然不算多才多藝，不過也算涉獵很多不同領域的東西，包含小提琴、畫畫、鋼琴……等，並不是要成為音樂家或畫家，而是希望他有興趣的東西，都可以去接觸。例如，從小他就很喜歡藝術相關的書，所以像是雕刻，印象派畫風的書，也是收藏了不少套；因為他喜歡雕刻，所以我常帶他去故宮、出國到大英博物館、羅浮宮看相關的展覽；學畫畫，最初是因為孩子喜歡看漫畫，才去學習動漫的畫風。其實，如果時間允許的話，這樣課業外的學習、活動的參與，對孩子都是很好的發展，人生經驗是豐富而多采多姿，不要讓孩子只埋首在書堆之中。

專注拉小提琴的昱翔

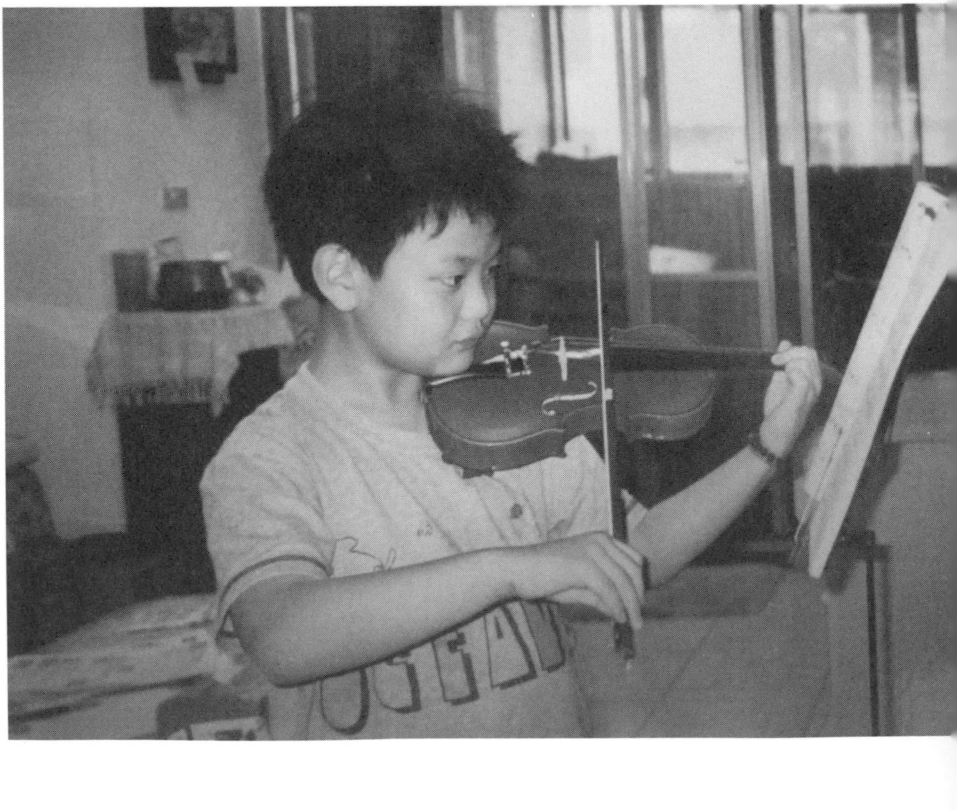

一直以來，我們母子都是以民主的方式相處著，即便是選擇才藝班，也是先讓他去上一堂課，再問他是不是真的有興趣，如果喜歡，就付學費；如果不喜歡，就手牽著手回家去。當然，還是有他學到一半不想學的課，像是鋼琴，他只學到小三，而小提琴到了國中還持續上課，要孩子學才藝，就千萬別勉強他們。嘗試這麼多興趣的情況之下，事實證明也沒有影響他的成績！很多父母常限制孩子什麼都不能做，理由是會讓孩子無法專心在課業上。但從自己的兒子身上，我看見一件事，他能有今天的成績，絕非一直待在書桌前，花費很多時間換來的。成績的分數高低，跟小孩坐在書桌前的時間，並不一定成正比。

媽咪，你們大人很奇怪耶！圖畫紙這麼小，大海這麼大，怎麼畫的下？

記得在兒子小的時候，和其他小朋友一樣喜歡畫牆壁，大部分的父母看到了，當下第一個直覺就是生氣，當然自己也是那大部分之一。於是我很生氣並大聲叫了他的名字，他回頭，一臉莫名其妙的說：「媽咪，什麼事？」我手指著牆壁，沒想到兒子卻天真的說：「媽咪，妳要說我畫的很漂亮嗎？」聽到這樣的天真回答，只好咬牙切齒，委屈自己的說：「對！很漂亮！但是我買這麼多圖畫紙給你，為什麼還要畫在牆壁上呢？」他看了看牆壁說：「媽咪，你們大人很奇怪耶！圖畫紙這麼小，大海這麼大，怎麼畫的下？」這個故事給了自己一個非常大的啟示，我驚覺大人們限制孩子很多能力和創意，用了太多的框架，將他們綁住，讓小孩失去盡情揮灑的空間。

親友都跌破眼鏡，我竟然同意兒子玩 COSPLAY，而且還玩到十分入迷，何況他還是一位建中的學生。身為一個母親，只有一個單純的想法，那就是「青春不要留白」。即便他現在對 COSPLAY 充滿興趣，不見得到了大學仍然會這麼強烈，況且這跟念大學有什麼關係。所以，我只淡淡的回他：「如果你真的喜歡，那就去玩吧！」

一定會有很多家長認為：「你瘋了嗎？玩COSPLAY不只花時間、花錢，而且都念到了建中了，還不拼課業？」但是我相信，這反而是一種與孩子的溝通方式。我們的約定是：「媽咪同意你維持自己的興趣，可是到了高二暑假，因為要面臨高三的種種考試，應該要回歸學生的本份。」我從來不去限制他想做的事，相對地，他承諾過的事一定要做到，這樣的事前協議，已經成為我們親子間一個溝通的模式，如此的關係建立，比硬性限制孩子還來得有效。

孩子是一個獨立的個體，並不會任由父母擺佈，所以當大人硬是不讓他做什麼，他反而越會去做，就像皮球反彈力道更大一樣。孩子想學任何新東西，我絕對不會反對，但是一定會先約法三章：「你可以做你喜歡的事，前提是不影響課業及本份，媽咪尊重你，也要請你記得承諾過的事。」一路走來，我們都是維持這樣彼此互相尊重的原則，只要標準清楚明確，任何事情都可以商量。對於彼此，我保留了很大的溝通空間，想聽聽他的意見和想法，用「雙向溝通」來取代父母單方面的SayNo。

2-3
媽咪，我不幸福

媽咪：你最近漫畫實在看太兇了。

兒子：媽咪，如果不能看漫畫，我不幸福。

兒子國中的資優班，是新北市只錄取30名的數理資優班，班上的成績都是差0.5分就差一個排名。國一的時候，他成績還不錯，是班上的第一名，甚至是全校第一名，他們學校一個年級有30幾個班，連老師都稱許說：「你兒子很棒！」但是隨著他漫畫越看越兇，功課就有點掉下來，一直到了國二的時候，他掉到班上的18名，在我的認知裡，班上只有30個同學，兒子掉到18名，這叫做中下。我對他說：「18名耶，會不會落後太多？」他有些無奈的說：「媽咪，18名是我們班的18名耶。」意思是說，在資優班差0.5分，事實上是同分的，所以就算是18名，總分也才差3到5分，所以他沒有覺得自己很差。

其實，這並不是因為他沒有考滿分，也不是因為他考第18名，所以覺得兒子很差，而是意識到他的成績在往下掉。我說：「也許是媽媽忘了督促你，但是你最近看漫畫，實在是看得太兇了。」他急忙辯駁：「媽咪，看漫畫是我在讀書之餘唯一的樂趣。」我回答：「媽媽沒有要奪取你的樂趣，我要表達的不是看漫畫這件事。除非你能夠做到，看漫畫就是看漫畫，讀書的時候都不想漫畫的情節，我就讓你看。可能嗎？」兒子安靜了一下回答：「不可能。」於是我語重心長的說：「媽媽關心的不是看漫畫這件事，而是漫畫的情節對你整個生活的影響，這樣你能理解嗎？」他回我說：「可以。」當下，我自以為已經溝通完了。

因為不讓他看漫畫，所以不幸福。天啊，這孩子是怎麼了！

不久之後，我們全家去日本自由行，小時候他到處去玩，對什麼都很熱誠、很有興趣，這次出國不一樣，整趟旅程中，他只專注在漫畫的世界裡，日本有個整棟樓都賣漫畫相關的展館，他逛遍了所有的動漫館，全部的心思都擺在漫畫上，甚至一整個皮箱都裝滿了漫畫。這實在讓我受不了，雖然日本是漫畫的發源地，但是帶孩子出來玩，是希望能讓他多看一些不同的東西，結果竟然全部都是漫畫。後來我才知道自己被騙了，原

上 / 全家同遊金門
下 / 母子日本遊

來他在家吵著要來日本，就是為了這些。

回國前一天晚上，我跟他在日本的飯店中談這件事，氣氛不是很好，但是令我意想不到的，他居然說了一句：「媽咪，我不幸福！」因為不讓他看漫畫，所以不幸福。天啊，這孩子是怎麼了！

對孩子而言，幸福的定義竟然是如此狹隘。我哭著跟他說：「黃昱翔，媽媽很難過，我這麼愛你、這麼照顧你、疼你、也這麼關心你，你卻因為漫畫而覺得不幸福，對父母而言，不幸福是一個很大的傷害，你知道嗎？」他有些慌了手腳：「媽咪，沒有這麼嚴重啦，我知道你最愛我，但是你現在就是在限制我，所以我覺得不太開心、不幸福嘛！」其實，我是故意將情緒放大，事實上當然沒這麼嚴重，因為他說他不幸福嘛！我接著說：「黃昱翔，你要為你說出口的『不幸福』跟媽媽道歉，這讓我很痛心，花了所有心思在你的身上，你卻因為漫畫跟我說你不幸福，這句話對我的打擊太大。」他眼見我一直哭，才驚覺好像說錯話了：「媽媽，我不是這個意思啦！」他一直解釋、一直解釋，但我仍然故意的說：「從現在開始，我不理你了，你就看漫畫，如果你覺得看漫畫是幸福的，媽媽希望你是幸福的，從現在開始，我絕對不會再管你看漫畫這件事，我說到做到。」這個時期的孩子，就是青春期，如果用罵的、念的都沒有用，最後只能出奇招啦！

那時候是國二要升國三，大概有半年的時間，完全不理會他唸書這件事，當然前提是知道孩子在資優班，就算真的不管他，成績也不會差到哪裡去。那時候連老師也在想，這孩子怎麼會退步這麼多，這個方法是有點冒險的。這樣的情形，一直到兒子開始意識到自己退步的時候，終於主動來找我。

他對我說：「媽媽，我們聊一聊。」我故意回答：「聊什麼？」他說：「媽咪，我不太習慣，妳可不可以不要完全不理我，尤其是在課業上。」我說：「喔，可是你不幸福阿！我真的不希望你不幸福耶！」在這個過程裡，自己的思維也在做調整，也很認真檢討，是不是對他而言，媽咪的民主，只是表面上，也許該讓孩子自己闖一闖，什麼都在父母的管教之下，也許他真的不幸福。結果放手的下場，就是他在第一次基測大受打擊。

在學校的6次模擬考，5次都PR99，一次PR97，正常看來是篤定上建中的成績，結果他的第一次基測，完全跌破大家眼鏡，大概是落在大同高中還是更後面的，這大概是在兒子成長的過程中，最大的挫敗。但是，我很開心他有這次的經驗，這對從小，凡事都很順利的孩子而言，挫敗絕對是好事。

剛考完試還沒放榜，兒子就知道自己考不好，考完之後，舉辦謝師宴，在謝師宴當天的早上，老師把班上同學一個個找來，問他們考得好不好，兒子說他考不好，老師很語重心長的講了一段話，還寫了一張卡片，有一段就在說他看漫畫的事。其實自己當時，也很怕老師的重話，給孩子雙重打擊，因為他很少有這麼挫敗的經驗，尤其是平常成績在他之下的同學，都考得比他好。沒想到，老師的一段話，真的給了兒子一記當頭棒喝。

他哭著告訴我，老師跟他說了什麼，聽完之後不禁深深覺得，這老師真棒。我跟兒子說：「你哭吧，但是哭完之後，要告訴媽媽，你接下來想怎麼辦。」他很難過的一直掉眼淚，我有些心疼的說：「兒子啊，你沒有退路耶，你現在連成功都沒有，當然你不一定要唸前三志願才行，只是要是連第二次都沒考好的話，就真的沒得選擇了，那怎麼辦？」他說：「媽媽，我知道自己的問題了。」當天晚上，我便很慎重的寫了一封感謝函，給這位老師。後來，老師也回了一封信給我，信裡說：「很難得看到這樣開明的父母。」老師跟我們都認為，兒子不是實力的問題，是真的失常，漫畫讓他變的不專注，空有實力是沒有用的。

距離第二次基測考前的一個月，我每天都要求兒子抄心經，把心靜下來，因為他的問題在於心要靜。第一次基測的時候，我因為工作沒有陪考，自己以為他應該可以……。所以第二次，決定要在兒子身邊陪伴著，考試的那兩天，我都對兒子說：「放輕鬆就好！」譬如要進考場的前15分鐘，我們會一起把心經拿出來，陪他唸一遍，然後去上廁所，鈴聲一響，再給他一個大大的擁抱，拍拍他的屁股，就去考試了，每個科目都是這個模式，我開玩笑稱之為進考場前的 SOP。回想起來，真感謝他第一次沒有考好，因為第二次考試，他竟然是接近滿分考上建中，這正是挫敗所換來的成果。

2-4
做一對「好寶寶」父母

兒子：老師怎麼可以說我的朋友是蒼蠅！

媽咪：你正在氣頭上，現在寫出來的話，
　　　真的是你要表達的嗎？

兒子：對吼，我不要被情緒控制。

小朋友念書的時候，聯絡簿上總會被蓋上好寶寶印章，或是愛講話印章，當我們在要求孩子，要有禮貌、守承諾的時候，身為爸媽的我們，也有做好榜樣嗎？

讀書這件事，是造成親子關係疏離很大的原因，我從不對兒子開口說：「你該去讀書了。」而是問他：「你什麼時候考試？準備得如何？你確定嗎？」因為讀書是每個小孩的義務，所以他必須對自己負責。興趣和學生的本份是有所區隔的，興趣是要在不影響本份的情況下，才可以去做的，這一定要讓孩子了解。就像前面文章提到的「行前約定」，今天出去可以買一樣東西，或者今天出去不能買東西，親子之間一起協定好，也學習彼此互相尊重的道理。

然而，反觀父母親，我們不能只要求小孩，自己承諾的事情也要做到。有些父母常為了哄小孩而信口開河，到了無法兌現的時候，一句「沒辦法」或「辦不到」就脫口而出。漸漸地，也會讓孩子認為，只要像父母說出一句「沒辦法」，就可以就搪塞過去？所以父母親著實扮演著，相當重要的角色。此外，夫妻在教育上的理念也必須一致，很多親子之間的矛盾，有一部分是來自於父母，因此我非常感謝先生。我們並沒有分配好，由誰來負責小孩子的教養，但是他十分尊重，及配合我和孩子間的互動模式，同時我們也遵守著，對小孩的所有承諾，這的確是一個很好的身教。

■

兒子念國中，正接近聯考的日子，某日他在擦黑板，有別班的女同學跑來找兒子聊天，這其實是件小事。但是導師看見這個情形，就在聯絡簿上寫了一些話，意思大概是說快要考試了，不要身邊蒼蠅、蚊子一大堆的，類似這些不舒服的言語。導師認為考期將近，應該要專心讀書，平時EQ很好的兒子卻大發脾氣，他氣到不行，他覺得老師怎麼能形容自己的朋友，是狗屎、是蒼蠅、蚊子？這些字眼根本是在污衊他的朋友！

正值國中時期年齡的孩子，最重要的就是朋友，所以他非常生氣。我耐著性子安撫他的情緒；他甚至說想寫連絡簿回話給老師，反對老師錯誤的說法。這時候我說：「媽媽知道，你對於這種說法感到不舒服，也同意你表達不舒服的感覺，但是你現在正在氣頭上，生氣的情緒佔滿了你的思緒，你覺得現在寫出來的話，真的能適當的讓老師理解，你對這些話的不舒服感覺嗎？你真正想跟老師表達的是什麼？」他想了想：「對吼，但是我還是想讓老師知道，不能這樣子講我的朋友。」我回答：「這是你的目的，我們應該是朝這個方向去表達，而不只是發洩情緒？媽咪也認為導師的說法不太好，也同意讓導師知道你的不舒服，但是不要讓導師覺得你不懂事；你的目的只是想表達，並不是要得罪導師，那又何必寫出不好聽的字眼？」他一副豁然開朗的表情：「對耶，我不要這樣被情緒控制，我只是想對導師說，不要這樣子講我的朋友。」我接著說：「好，那你先靜一靜，再想想要怎樣回覆給導師，才能完整表達你的感受，並且是不帶情緒的說法。」

於是孩子靜下來思索，最後寫著：「老師，我知道你是為我好，但是因為我平常沒有太多時間能跟朋友相處、聯絡，而我的朋友並非老師所說，是不好的朋友，只有偶爾碰面才能聊上幾句。」同時我在旁邊加註寫著：「老師，感謝你對我兒子的關心，但是我知道昱翔在這件事當中，有不舒服的感受，如果他有對你不禮貌，我代他跟你道歉。」讓孩子自己冷靜思考，並在旁替他加註解危，用這種方法，才是教導孩子正確溝通的方式。

上 / 媽咪參加昱翔小學畢業典禮
下 / 父母參加昱翔小學謝師宴

事件發展到最後，老師把他找去，好好溝通了一番：「因為老師不了解狀況，所以說了令你受傷的話，現在你跟老師解釋，我就懂了，老師在這裡跟你道歉。」經過這次事件後，昱翔跟老師的感情變得很好。試想，如果當下他是帶著情緒所寫出的話，情況想必是比較負面的結果。

像類似的事件，多數父母的想法是很兩極的，有些父母只想到替孩子出氣，又有些父母認為都是孩子錯，老師才是對的；大概十個之中，有九個半都是這麼做的吧！我雖然不是最完美的母親，卻能對每件事，鉅細靡遺的與孩子整理、了解並突破，所以兒子常說，有這樣的媽媽是很幸福的。在這樣的教育理念下，我們溝通，不在於討論事件的對與錯，而是縱貫全局，希望孩子學會判斷事情的發生面向，讓他了解，下判斷，不要帶情緒，而是客觀作多方面思考。

爸媽Q&A：分數重要還是快樂重要

所有的父母一定都曾說過：「快樂成長比任何事重要。」但是在行為上，似乎都讓孩子覺得，分數代表一切。當看到自己的小孩，成績逐漸在退步的時候，對一個母親來說，不緊張是騙人的，但是，當兒子告訴我，他不幸福的時候，衝擊竟是如此的大。其實，每個父母的內心都充滿了矛盾，希望自己是個民主的家長，更希望孩子生長在快樂的環境中，可是另外一個聲音，又會擔心自己的孩子輸人太多。這種無形之中的壓力，一定會在不知不覺中，施加在孩子身上，這樣的過程，難免產生糾葛、痛苦。

逼迫孩子讀書和陪伴孩子讀書，對他們的成長過程而言，是兩種完全不同的感受。

一邊擔心孩子的成績，是否要一落千丈，同時又告誡自己，不要給他太多壓力，因為快不快樂，對孩子的學習也很重要。似乎父母能做的，就是花更多的時間，去關心讀書之外的他，是否過得快樂。

將小孩送去森林小學的父母，著實令自己佩服，隨孩子開心、自由地發展；我何嘗不想像這些父母一樣，但是在台灣的教育體制之下，如果小學過得太開心，導致國中落後同儕太多，這對孩子來說，是一件很辛苦的事。我一直秉持著讀書固然重要，但是關心孩子面臨的種種壓力，更為重要，學習應該是很開心的事，豈能變成一種沉重的負擔。

自己也曾想過，假如孩子突然說：「媽咪，我決定要放棄學業。」我沒把握能夠接受這個衝擊，所以才花更多心思，給孩子更多的愛及陪伴，讓他覺得讀書是快樂的、開心的。逼迫孩子讀書和陪伴孩子讀書，對他們的成長過程而言，是兩種完全不同的感受。

比起逼迫孩子讀書；父母能陪著他一起讀，效果可能會比較好。說真的，昱翔也不是真的那麼愛讀書，甚至有一次跟我說：「為什麼一定要滿分上建中？我花80分的力氣就能考上，為什麼要花 100 分的力氣，只是為了拿到滿分。」「考 300 分可以上建中，我也許只要花一半的時間；可是現在我卻要辛苦三年，結果是一樣的，我為什麼要讓自己那麼累？我也想留點時間去做我喜歡的事啊！」其實這點是令人感到慶幸的，他並不會為了得到什麼，而強迫自己去做一些不喜歡的事，他不想將所有時間都花在讀書上，一心一意只為了拿到滿分，而變成只會死讀書的孩子。

從小學到高中，他一直都是資優班，大家都說，要多注意資優的孩子，他們容易會有極端的性格。不過從小無論是卡通或童書，他從來不愛那些出鋒頭的主角，反而喜歡在旁邊陪襯的配角，這就是所謂的「老二主義」吧！也因為這樣與世無爭的性格，讓我放心許多，不必擔心他會過度偏激。雖然他在同儕之間不是屬於領導型的人，但是有自己一套的做事方式，我覺得這樣挺好的，換個方式想，證明他不是會強迫自己，而汲汲營營到追求地位的人，或許這也是個不錯的優點。

第三章
chapter3

別為讀書
這件小事爭吵

3-1
菩薩跟木魚

兒子：媽媽，我實在不太喜歡物理、化學。

媽咪：很不喜歡嗎？你唸了這麼久的數理資優班！

兒子：我真的對數理沒有興趣了。

有個故事是這樣說的，有一天，菩薩跟木魚在聊天，木魚對菩薩說：「老天爺太不公平了，我們都是用木頭刻的，為什麼人家對祢又是磕頭、又是跪拜，如此的尊重，我卻很倒楣，只要有人念一句阿彌陀佛，我就必須被敲頭。」這時候菩薩說：「雕刻師父在將我們刻出形的時候，並沒有設定哪個木頭要刻什麼，是當他每刻你一刀，你就一直喊痛，所以他只好把你放棄了。而我忍受了這麼多的雕工，才能成為現在你所看到的菩薩。」我說這個故事，目的要讓孩子明白，父母親並不能幫你做決定，是成為菩薩還是木魚，這是自己選擇的路。假使要成為菩薩，那麼中間的過程，須要對自己負責，不管結果如何，也不能有所抱怨。如果不想讀書，隨心所欲的做自己開心的事，將來怪罪於父母，那是不公平的。在成長的過程中，應該要讓孩子去學習，如何對自己負責的生活態度，而不是任性的予取予求。

昱翔在高中以前，都被冠上「數理資優生」的稱號，不過當要上高中時，他跟我說，從他們這一屆開始，必須先考到建中，才能參加建中數理資優班的內部考試。那時他說：

「媽媽，我實在不太喜歡物理、化學。」我很驚訝的問道：「很不喜歡嗎？」他回答：「是。」這令人有些難以置信，因為他的數理成績那麼好，不過既然他沒有興趣，我們也就不強迫他去考數理資優班。當他去建中報到的時候，我問他：「你是不想念數理，還是不想念資優班。」他很認真的回答我：「是真的對數理沒有興趣了。」也許是巧合，因為建中居然有個班級叫「人文社會資優班」，一方面覺得好奇，於是我們就去聽了關於這個班的簡介。

「人文社會資優班」主要走的是人文社會關懷，所以學生們必須去部落服務，然後分析人文社會的問題和現況，這是異於以往的科目。當下，我思索孩子的性向和專長，一方面因為他是獨生子，再者，昱翔從小不曾遇過什麼挫折；目前整個大環境，容易造就時下的小孩，對社會上的事情都漠不關心，如果能有這樣的機會，讓他主動去關懷別人，也許是一個不錯的成長機會。

加上應屆畢業生所做的簡報，流利的口條以及豐富的肢體語言，讓我不禁覺得，這是在這個班級下的訓練結果。在聽完簡介之後，讓他進入「人文社會資優班」應該是個不錯的選擇，因為我希望他能成為一個充滿愛的人，而不是整天只懂得對應物理、化學的式子。

「人文社會資優班」除了一般既有的高中課程外，高一時會安排與外校的人社資優班，一起參加大學所舉辦的講座。他們會一起討論時事，例如之前的毒奶事件，然後結合自己的想法報告出來。我一直很慶幸他進入了這個班級，高一的暑假，許多青少年忙著玩樂的時候，昱翔就已經和畢業的學長，一起去過東埔部落，教導當地的小朋友念書，還做了一些地方服務，從小到大，他恐怕不知道，關懷別人是怎麼一回事，但是在這些體驗之後，我相信他的思維，應該會開始有些不同。

八八風災那一陣子，他剛從東埔部落服務回來，然後就直接飛去新加坡當交換學生，他剛到新加坡打電話回來，第一句不是：「媽媽妳好不好、好想妳。」之類的話，而是：「媽媽，你可以幫我了解一下，東埔淹水有沒有很嚴重？小朋友有沒有發生什麼事情？」這通電話的內容，讓當媽媽的我充滿感動，這就是他要學習的地方。畢竟身為獨生子的小孩，會有一些盲點，比較不懂得分享、不懂得互相關懷，而這樣觀念的轉變，絕對是有利於孩子未來的人生。

部落服務和交換學生，對他而言，不僅是個體驗，更是一種學習，加上他們班級畢業旅行的地點是大陸，除了去欣賞當地的古蹟文化，也透過參訪，與南京的學校有了一些交流。在建中三年，寬廣的生活體驗，完全跳脫死讀書的模式，讓這群孩子們，都有了不一樣的全新感受。

■

昱翔上了建中後，對我說了這樣一句話：「媽媽，你不用操心我的課業，我可以自己把書讀好。」這不是因為他念建中，然後成績名列前茅，所以很令人驕傲。而是他在課業以外的生活體驗、活動學習，不但沒影響成績，還保持得非常好。他在做簡報，或是與外校一起上課、互動的時候，很多時候我都在場，這些活動方式，也讓他們提前感受到，大學現有的教學模式。我想告訴全天下的父母，孩子不一定要釘在書桌前，死板板的對著書本，才叫做讀書，有時候這些體驗，反而讓他視野更廣，對成績也更有幫助。

高中三年來，我只做一件事，就是每次考完試成績出來時，我會關切他但不是逼他，只要成績不是一落千丈，都沒關係，下次補回來就好。但是如果很明顯的失去他原有的水準，那我就會將問題丟還給他：「你覺得要做什麼改變，才能讓成績提升？」靠著他的自我調整及約束，在大學學測中一樣能考滿級分，逼他讀書成績就會好嗎？各位親愛的爸媽，孩子的成績不是逼出來的。

上／昱翔高中時與媽咪合影
下／新加坡交換學生合影

3-2

誰聽誰的都不對

媽咪：為什麼那位孩子，沒有先選擇溝通，
　　　就用這種方式，懲罰自己的父母親？

兒子：媽咪，妳知道嗎？不是所有的父母，
　　　都像妳一樣可以溝通。

「因為我是你的爸媽，所以你要聽我的！」這句話，想必許多人都不陌生，不管是小孩聽大人說，或是大人對孩子說，但是這句話一點都不合理，就像你不能強迫自己接受別人的想法，又為何要如此對待，你最愛的孩子呢？

■

昱翔在各方面都不太讓人操心，唯獨玩 COSPLAY 這件事，花了我們很多時間去溝通，最一開始我不太能接受，只跟他說：「我可以不禁止你，但是你也不能強迫我接受 COSPLAY。」一直到高中畢業前，每個人必須做一項專題的研究報告，他毅然決然選擇了「COSPLAY」為專題，因為不了解這個文化，我甚至還生氣的對他說：「就不能探討深入一點的題目嗎？」後來，從陪他研究、完成專題，一直到訓練他做簡報的整個過程，我很努力地去深入了解 COSPLAY 的文化，也因此被他的結論所打動。慚愧的是，我真的覺得自己太糟糕了，竟然用主觀的想法，去看待他的興趣，反而讓兒子覺得，媽媽看不起他喜歡的東西，一直到現在，還是對他感到有些抱歉。

「COSPLAY」其實是一個「次文化」的研討，但因為之前自己一直存在著負面的刻板印象，所以無法接受。直到真的了解之後，這就如同現實生活的社會現象一般，大家反而更應該去關心及重視，所謂的「次文化」。有趣的是，到了高二，我已經了解COSPLAY，也欣然接受的時候，昱翔又主動回歸到學生的本份，遵守我們之間的約定，專心於課業上，自己才驚覺：「這不就是我家的孩子嗎？」有時候，大人給孩子畫了框框，限制住他，孩子不見得，會將你的話都聽進去；但是當我們給他很大的空間，孩子反而知道自己的分寸在哪裡。

昱翔 cosplay 照片

很久以前，發生了一件某國中同學自殺案件，轟動社會，這件事讓我印象好深刻，應該是快樂成長的年紀，卻如此斷送自己的青春，對父母而言，是多麼大的遺憾。這個孩子是否壓力太大，卻沒表現給父母知道？還是學業的負擔太過沉重，沒有適當的發洩情緒？我不禁想知道，自己的兒子是否也有潛在壓力。

當天回家後，我大致跟昱翔說了這個新聞，他說今天學校老師也有提及這件事，對於自殺的行為，兒子不是那麼贊同，但是，他覺得那位自殺的同學，一定有自己的理由，導致這樣的結果。其實，在這起事件中，最令人難過的，不是自殺這個行為，而是法醫說這孩子「死意已堅」，因為那孩子是用塑膠袋，活活把自己悶死的！在清醒的狀況下，如果死意並不堅決，隨時可以將塑膠袋拿下來，這是多麼讓人痛苦以及遺憾，是什麼事能讓一個14歲，正值青春期的孩子「死意已堅」？那孩子將遺囑寫在手臂上，寫著「媽媽，我愛你、我對不起妳」，而另一隻手臂則寫著「爸爸我很恨你」，沒有人知道，這位失敗的父親到底做了什麼，但可以想像，當這位父親，看到他手臂上留的字，想必是會內疚一輩子的！

東方父母和孩子之間的情分，超越西方人一般的想像程度。假使這位孩子是出了意外、生病，或是車禍而離開人世，是會讓人覺得不捨，但是選擇自殺這種作法，對父母的懲罰實在太大，會使父母自責、內疚一輩子。我對兒子說：「心裡有事，是要先經過溝通的，為什麼那位孩子，沒有先選擇溝通，就用這種方式，懲罰自己的父母親？」這時兒子馬上說：「媽咪，妳知道嗎？不是所有的父母，都像你們一樣可以溝通。」於是我說：「昱翔，你說的我同意，但是溝通這種事，是要試試看的，也許那位孩子試過，我不清楚。不過既然你也認同，我們是可以溝通的，那就更不允許這樣的事情發生。你看，這樣坐下來好好聊天，不是很好嗎？」這樣的雙向溝通模式，正是維繫我們親子感情最好的方法。

真心奉勸大部份的父母，絕對不要利用父母的地位，來威嚇孩子；不要因為我們是爸媽，所以認為小孩「必須、一定」要聽我們的，請記得每個小孩都是獨立的個體，所以尊重他們自己的想法，是值得所有父母去學習的事。

有人曾問：「如果父母做錯了，需不需要道歉？」這也是大多數爸媽的問題。如果是自己的錯，那麼我一定會跟孩子道歉，在親子之間，道歉不代表自己輸了，或是立場站不住腳，而是一個非常良好的示範。人跟人之間的相處，需要彼此互相尊重，當孩子知道我們尊重他，相對地，他們自然也會如此回應。大概是許多做父母的，被上一代用威嚴限制慣了，所以很自然的，按照記憶中的方式，來對待自己的孩子，其實沒有人是十全十美，給自己孩子一個空間，也調整一下為人父母的腳步，相對也是釋放、減壓彼此的壓力。

3-3

我為什麼要騙你

兒子：如果今天我想跟朋友去玩，妳會不會不讓我去？

媽咪：當然不會。

兒子：那就對啦，所以我何必騙你。

我的工作上，經常提到「同理心」這個態度；某一次，兒子陪我去上課，聽完課後，告訴我說：「媽咪，我覺得妳課上得很好，『同理心』說明的也很貼切，但我覺得你沒有同理心。」這句話讓我愣了一下，我問道：「怎麼說呢？」他舉了一個例子。

某天的早上風有點大，我下意識的告訴他：「兒子，風有點大，去穿一件外套。」他回答：「可是外面不冷耶，而且路人也都沒穿外套。」可是我表情嚴肅的說：「不管外面的人有沒有穿，你應該要穿。」這也是很多家長的共同作法。不過他也很堅持，不想多穿一件外套，所以跑來跟我說：「媽媽，我真的不冷。」到最後只要是家長，肯定會大聲的吼：「叫你穿就穿！」做小孩的只好心不甘、情不願的穿上，等離開爸媽的視線之後，就立刻把外套脫掉。

說完故事後，他跟我說：「我會不會冷，到底是我的感覺比較準，還是你們用看的比較準。」這樣聽來，自己似乎真的沒有同理心。

這些錯誤，可以輕易的套用在任何事情上。每當父母對孩子說：「書讀好了沒有？」、「認真一點才能應付考試。」之類的言語時，請問是唸書的人感覺比較準，還是我們這些旁觀者的感覺比較準？這不禁讓人聯想，父母常常替孩子貼標籤，認為孩子一定會放縱自己，為什麼我們不選擇相信，孩子可以為自己負責任，如果連父母都不願意跟他站在同一陣線，那麼他又能為自己負責多少呢？

百分之九十九的父母都覺得，孩子不管怎麼念，讀書的時間永遠都不夠，讀的夠不夠，只有孩子自己最清楚。孩子要學會的，是如何去承擔後果，才能有本錢讓父母選擇相信。

針對讀書這件事來說，如果我們相信，孩子可以對自己負責，那父母就不應該一天到晚逼迫、干涉，其實他們都很清楚自己不足的地方。好的讀書習慣，要從小培養，長大面臨考試的時候，父母才能輕鬆看待，減少嘮叨和限制，進而建立良好的親子關係。

當然，每個媽媽都有碎碎念的時候，如果少了緊密的親子默契為基礎，相信現在我也跟其他父母一樣，為了這些問題而傷透腦筋。

親子間的良好互動，也是從生活中慢慢累積，然後在過程中，不斷地調整及教育自己。如果我們整天，只會責備或限制孩子，籠罩在負面情緒之下，怎麼會相處得好？若我們眼中只看見孩子們的缺點，他也會質疑自己：「在父母的眼裡，我真的有那麼差嗎？」如此一來，親子關係肯定是走向破裂。

與其栽培一個聽話的孩子，還不如培養一個，知道自己在做什麼，懂得為自己負責的孩子。

不管是國中還是高中時期，他經常只打個電話：「媽咪，我今天去圖書館。」，或是：「我在學校附近的 starbucks 讀書。」我通常不會多問第二句，因為知道他不會騙我。當然，也曾試探性的和他聊天：「會不會哪天有個阿姨，看到你在路上蹓躂，但其實你跟我撒謊，說要去圖書館。」他很直接也很自然的說：「媽咪，我覺得這個問題很無聊。」我說：「為什麼？」他回應：「如果今天我直接告訴妳，我要跟朋友去玩，妳會不會不讓我去？」我直接的回答：「當然不會。」他笑了笑：「那就對啦，所以我何必騙妳？」這證明了一件事，父母跟孩子之間，光靠行為的限制，是沒有效的，就像大家常說的「上有政策，下有對策」，任誰都不想有這樣的事發生。

正因為親子之間，什麼話題都能說，自然就沒有溝通上的問題，任何事都可以商量，也無須互相猜疑。許多家長，經常用自己的角度，來告誡孩子的行為，小孩很可能表面上順從，次數一多，他自然有辦法，從這之中找到漏洞，這對望子成龍的家長而言，很顯然已經失去原本的意義。

父母給予孩子的東西，其實出發點都是為了他們好，並非刻意給小孩帶來壓力，而是希望他們能真心接受。可是有些方式，已經讓他們產生了不舒服的感覺，才開始有：

「父母很煩，整天只會叫我念書。」這樣的極端想法。所以必須讓孩子了解，這只是身為父母的一個期待，並不是一種強迫。

做父母的尤其不了解，當我們不斷重複說著類似的話時，就會變成是一股逼迫的壓力，雖然是想要讓孩子們了解父母的心意，但是若因求好心切，而壞了原本的善意，親子的關係也就跟著變質了。與其栽培一個聽話的孩子，還不如培養一個，知道自己在做什麼，懂得為自己負責的孩子。

3-4

要媽媽還是要朋友

媽咪：你只能選擇，要我當朋友還是媽媽。

兒子：當媽媽好了。

媽咪：如果要我當媽媽，那就不能嫌我囉唆。

「媽咪，你不要看不起我的煩惱」兒子某天說的這句話，給了自己很大的啟示。有幾次，兒子回家跟我訴苦，說某某同學不理他，在我們父母眼裡，感覺可能是鬧著玩的，其實沒那麼嚴重；但對孩子來說，那個同學可能是非常要好的朋友，他當然比誰都還在意。每個人在不同階段，都有不同的煩惱，以求學階段而言，朋友是最重要，如果父母親不支持、不認同，孩子很可能會以跟父母疏離的方式，來表達自己的不滿，很多問題的源頭，就是從這裡開始，很現實，也很殘酷。

自己曾跟兒子說：「媽媽是媽媽，朋友是朋友，我可以盡量當你的朋友，聽你的心事，但是有一些事情，是朋友做不到的。」他聽完似乎有些疑惑，我耐心的解釋給他聽：「今天你請朋友叫你起床，朋友可能只會打那麼一通電話，因為他會覺得，已經做到了答應你的事，而不會在意你究竟有沒有起來，這就是朋友；但如果是媽媽叫你起床，媽媽不會數她到底叫了幾次，而是把你叫到起床為止。」他點點頭，我又繼續說：「假設你今天生病了，朋友雖然會關心你，但是他們畢竟還是有自己的事，他無法像媽媽一樣，無論如何都會陪在你身邊，這就是家人跟朋友的差別。所以你不能在需要朋友的時候，叫媽媽變成朋友的角色；當你軟弱需要媽媽安慰的時候，再叫我扮回媽媽。我不是演戲出身的，沒有那麼厲害，所以你只能選擇要我當朋友還是媽媽。」他想了一下：「當媽媽好了。」我也很坦白的回答：「你如果要我當媽媽，那就不能嫌我囉唆。」

沒有人是十全十美，沒有人什麼都會，所以不要逼自己當Superwoman、Superman。但孩子就是這樣，父母囉嗦的時候，就希望我們像朋友一樣，跟他站在同一陣線；當他軟弱的時候，又希望爸媽給他多一點的愛，這對父母來說，是不公平的。所以我也盡早讓他明白，自己無法在兩個角色之間轉換自如，只能在媽媽的本質下，極力扮演朋友的角色，溝通相處是彼此的事，不是只有單方面的誰配合誰而已。

■

高中時期，我們曾經有過一個很大的衝突，那時候是升高三剛開學，他答應要專心在課業上，碰巧有個玩COSPLAY的女生朋友，希望昱翔能陪她扮演一些角色。兒子向我解釋，這個角色只需要星期天的早上，不會浪費太多時間，所以不會影響到成績。不過這次我並沒有馬上答應，當然他自己心裡也明白，因為這與當初彼此的承諾不同。

我很嚴厲的告訴他：「我被傷害了，因為你把朋友看的比我還重要。」有些人或許會覺得，哪有這麼嚴重，但事實上，自己真正想讓他知道的，是「承諾」這件事的重要，不論對任何事或任何人。兒子求情的說：「媽咪，我已經答應她了，妳不要生氣，我保證不會影響考試成績。」我回答：「這跟考試沒有關係，我不是擔心你考不上大學，才不讓你玩這個，這是『承諾』的問題，將來出社會，你必須要對說出口的話負責，這是很嚴重的，你曉得嗎？重點不是考試成績有沒有影響，而是你違反承諾所以做錯了。」

兒子陷入兩難，因為隔天就必須去扮演那個角色：「媽咪，不然我跟她講我不去了。」我搖搖頭：「如果你現在做了這件事，是不是又沒做到你和朋友之間的『承諾』，事情不是這樣解決的。」我們僵持了一會兒，這次如果輕易的點頭答應，默許他可以這樣解決事情，那之後類似的情形就會層出不窮。看得出來，兒子的內心很掙扎，於是我語重心長說：「因為我是你媽媽，所以這次我會原諒你，但是我有不舒服的地方，也要讓你明白，『承諾』這件事我看的多麼重要。你已經當了一次失守承諾的人，同樣的錯不能犯第二次。」

在這件事之後，昱翔寫了一封類似切結書的信，裡頭寫的都是向我道歉的話，同時也承認當初，是有那麼一點投機的心態，他認為雖然犯了錯，但是我們一定捨不得怪他，卻萬萬沒想到，我將這件事看得如此嚴重，這次教訓也讓他了解到，問題的導火線是「承諾」。

其實，兒子大可以在事前先跟我溝通，而不是在答應人家之後，才來告知媽媽，這才是問題所在。在這裡，我看到孩子投機取巧的心態，這點是令我在意的。身為父母的我們，都應該清楚的讓孩子知道，愛他、寵他，不代表他們可以任意放縱，讓孩子懂得自愛，該嚴格的時候，父母還是會有一把家中戒尺。

假使父母只是一味的限制孩子，而不嘗試與孩子溝通，只會導致兩種結果，一種就是孩子繼續我行我素，另一種，就是表面上順從父母，但心裡是充滿抱怨的，這兩種情況下，親子關係都不會好到哪去。例如說，假日有個重要家庭聚會（或家族活動），父母理所當然會希望孩子出席，不過如果孩子已經有約了，有些父母可能會堅持孩子必須要出席，最後只能換得孩子的一張臭臉，一頓飯吃下來，既不開心也不和樂。像是這種情形，如果在沒有事先告知孩子，某天有家庭聚會（或家族活動）的情況下，我絕對會尊重他與朋友之間的承諾和友誼，但還是希望在朋友聚會結束後，可以過來露個臉；但若是已經事先告知，他還是有重要事情的話，兒子就會跑來跟我商量，一起去衡量輕重，這樣的模式，只是希望孩子能養成「商量」的習慣。

尊重孩子，就是維繫親子關係，最基本的第一步，沒有我們想像的如此困難。

爸媽 Q&A：我們的用心，孩子知道嗎？

「愛，只求付出，不求回報」這句話有時候說出來，反而顯得諷刺。我觀察到很多的父母經常把「我每天載你上下課，你知道我有多辛苦？」、「我花那麼多錢給你補習，名次怎麼沒有進步。」這些話掛在嘴邊，當這些話說出口的時候，親愛的爸媽，有沒有想過這背後的涵義是什麼？我想絕對不是「我很愛你」。「人」都是自私的，表面上這些話說出來，好像是為了孩子好，其實只是在突顯，自己有多麼了不起、多麼的辛苦。不管是誰都是愛自己的，當父母因此開始顯露不悅的時候，孩子也會開始出現反抗的聲音，就雙方立場而言，當兩方想法不一致的時候，父母通常握有較大的權力，所以會要求孩子必須服從。每個孩子，都是含莘茹苦教育出來的，如果我們只是一直強調，自己有多辛苦，而孩子卻讓人很失望，任哪一個小孩聽了，都是讓人洩氣難過的一段話吧！

偏偏有多少的父母，不明白這一點，認為自己的所作所為，都是為了小孩好，可是從來不去反省，為什麼一點效果也沒有？這些話，對於孩子的教育只有反效果，造成親子間更大的隔閡，是不是應該偶爾，站在孩子的立場，也許他真的努力了，只是此時此刻，還達不到我們的期望，但是這並不代表，他們就該接受父母的情緒。親愛的爸媽，請適時的去面對，自己內心的聲音，若是忽略了這些細節，我們永遠都會覺得自己是對的，這些帶有責備語氣的話，請試著減少脫口而出的次數，我們會發現，當這些話不存在的時候，才是對孩子們最大的鼓勵。

每一次，當昱翔的成績退步了，名次也不像以前那麼好，第一個步驟，是先從孩子的角度出發，關心他最近是否發生什麼事情；第二個步驟，是我們必須先自我檢討，由父母的角度來問他，是不是媽媽最近太忙了，導致沒有時間關心他；第三個步驟，是我們一起共同討論，想出一個辦法，來解決目前的問題。

全天下的父母都很辛苦，有時候爸媽會嘗試著，讓孩子知道自己的辛勞，但並不是一直對孩子嘮叨，利用一點小技巧，讓孩子多體諒父母親一點。從兒子小五之後，只要工作上的課程安排，是在假日或寒、暑假，我都會讓他跟著一起去上課，在旁邊當小助教，幫忙發講義或做一些簡單的事。這就是所謂的小技巧，讓他看到我們工作的樣子，和學生對我的崇拜，間接讓孩子了解「媽媽的辛苦」，當然在這過程中，自然也會多了幾分對媽媽的尊敬。當他回家的時候，有幾次就告訴我：「媽媽，學校的老師講的沒有妳好。」而且還會分享，我課堂上所講的內容給他爸爸聽。

試著不用語言，而是用行動的方式，讓孩子去了解，自己是很幸福的。當兒子開始崇拜爸媽的時候，順勢告訴他，要多讀點書，才會像爸媽一樣。常有人說，他們很羨慕我和兒子間的關係，當孩子開始認同父母的時候，我們所說的話，他自然比較會接受；相對的，如果父母在孩子的心目中，位置並不是那麼重的時候，他們對我們說的話，也許就會置之不理。

其實讓孩子看到，父母在職場上的身份地位，至少讓他知道，有一些優點可以向父母學習，自然而然的，就會要求自己，但我們不需要強迫孩子，必須變成跟我們一樣的人，這對孩子來說，其實就是最好的身教。

每個星期，我和昱翔一定會找個時間，好好坐下來吃頓飯，聊聊彼此最近發生的事，直到現在上了大學，我們都還維持著這個習慣。如果有比較急迫性的事情，我們就會選擇在平日聊上一整晚，甚至有時候還聊到了半夜。父母陪著孩子聊天，是在他們成長過程中，很重要的事，維持著與孩子談話的這個模式，也讓昱翔在念了高中之後，我很少再為他煩惱。

當然，每個父母的管教模式都不一樣，有時候兒子的同學來借住我們家，原因是跟父母吵架了，甚至於跟兒子相約，要去吃飯的時候，他還會問我，可不可以帶同學來聊一聊。試想這個情況，當孩子告訴別人說：「我帶你去跟我媽吃飯聊天。」應該是很驕傲的吧，重點當然不是要吃的那頓飯，而是他可以很大聲的告訴人家：「我今天要跟我媽約會。」

不過，自己也曾擔心的問過他：「兒子，人家會不會覺得你是mommy boy，一天到晚跟你媽媽黏在一起。」他回答：「媽咪，為什麼會呢？我們又不是天天都黏在一起，只有星期天一起吃飯，平常的時間，我也會和同學一起出去啊。」我還是有點擔心：「不過這樣好像不太好。」他拍拍我的肩：「媽咪，相信我不會的。」

成績好壞並不是重點，但是父母願不願意，花一些時間與孩子溝通，還有給他們一個，能發揮自己創新思維的空間，我想這一點，比一切都還重要。

昱翔與父母港澳行

第四章
chapter4

永遠
支持你的孩子

4-1

啊，然後呢？

兒子：念了建中，現在念台大，啊，然後呢？

媽咪：再去念哈佛啊！

兒子：念了哈佛，啊，然後呢？

媽咪：就會比較容易，獲取高薪、優秀的工作。

兒子：獲取高薪、優秀的工作，啊，然後呢？

有些家長，會在孩子唸大學之後，管教態度大轉變，或是有一種「孩子大了」的感覺，但基本上，我認為自己的心情轉折，並沒有很大的起伏，原因在於自己內心，始終存在的矛盾想法。潛意識中，我很愛這個孩子，沒有他不行，所以會一直把他當小孩子看待；但同時，又希望能夠做一個民主的媽媽，讓他可以像大人一樣的和自己溝通。從他只有三歲的時候，直到現在，我始終陷在這個矛盾裡。

上了大學之後，在某些行為上，很明確的，不再約束兒子這麼多，像是在高中以前，晚上11點還沒回家，或者需要大筆花費的時候，都要跟父母報備和商量，畢竟未滿18歲，很多事情都還沒有能力為自己負責。不過現在，我一樣清楚他的上下課時間，如果有特殊的事情，需要晚回家或外宿，只要事先報備，自己也就不會去追問原因，因為他已經夠大了，是該開始為自己負責的時候了。

零用錢也給了很大的自主空間，過去是先給他一個星期，固定的開銷費用，如果不夠再跟爸媽要；現在，則是月初就把錢，匯到兒子的獨立戶頭，也不過問他家教兼課所賺的薪水，自由支配自己的財務，不夠的話也不能向我們抱怨。對我而言，兒子已經是獨立的個體，我也相信，他可以將事情處理得非常完美。

曾經有朋友問我說：「假如有一天他談戀愛了，重心都在女朋友身上，妳這個做媽媽的，會不會有失落感？」這個問題，應該所有的父母都有吧，只是從高中到大學這個階段，他並沒有讓我覺得離自己越來越遠，因為我們的互動，一直都保持的很好，到了現在，他依舊會找媽媽討論事情。回過頭來，反而該要求自己，學著慢慢去平衡心態，孩子會越來越忙，朋友會越來越多，到時候，自然就沒那麼多的時間，可以和爸媽相處了。

孩子有時候就是這樣，越不去管他，反而自己會來找父母商量。上了大學以後，他談論的重點，大多是人際關係或者交友方面的問題，以前在意的學校活動和課業，已經不再需要，花很多時間和力氣去溝通。在台大念了一個學期之後，兒子在人際關係上，反而比高中來的單純，大學的同學幾乎都來自不同縣市，自然形成一個小型的社會，他必須去適應它，從這個地方也可以發現，孩子以後是不是能快速融入，這個多變的社會。

從小是非分明的他，道德感自然比較濃厚，在班上這個小型社會裡什麼樣的人都有，有些同學想法比較單純，認為只要把書唸好就好，對於人際關係的看法，則是不喜歡的人就不接觸。但昱翔卻想到，如果與同學之間有問題和摩擦，就必須立刻想辦法解決，因為將來進入社會之後，各種類型的人都有，絕對不能以自己的標準，來看待事情，也不能因為不喜歡這個同事，所以選擇不和他工作。這是兒子心思細膩的地方，想的常常比別人遠，於是當他發現自己，跟班上某些同學想法不太一致時，反倒會檢討自己，是不是無法適應這個小型社會，如此一來，更別說去面對將來的大社會。

現在的他有時候會問：「我念了建中，現在念台大，啊，然後呢？」我會開玩笑的回答：「再去念哈佛啊！」他又繼續問：「念了哈佛，啊，然後呢？」我說：「那你就會比別人有機會，找到優秀的工作，獲取高薪。」兒子又回：「找到優秀的工作，獲取高薪，啊，然後呢？」他的這三句然後呢，其實是有些令我擔心的，擔心的不是他不夠優秀、不夠有競爭力，而是他對未來，是不是沒有目標了，還是他現在的路徑、科系，不是他真正喜歡的，導致他沒有動力與熱情。這個答案，只有他自己清楚，父母能做的，就是持續的守護與陪伴。

上 / 昱翔與日本寄宿生合影
下 / 在員林與父親全家福合影

教育孩子有幾個重要的方向，第一個就是試著把孩子當大人看待，第二個就是溝通和關心。當孩子心情不好的時候，父母可能會嘗試著，叫孩子講出原因，不過他們當下不一定會說出來，某些時候，我們不一定要強迫他們，做雙方面的溝通，只要單純的關心孩子，適時的讓孩子知道，我們是愛他的，無論發生什麼事，家裡的大門永遠為他打開；老去的時候，源源不絕的愛，永遠足夠陪伴他的一生。

4-2

教育小孩不是股票投資

媽咪：香港迪士尼這麼小，我還逼你來玩，
　　　你一定玩的很掃興吧。

兒子：小時候，是妳帶我去迪士尼玩，
　　　今天感覺是我陪妳來喔！

有一次，兒子、我、姐姐和她的小姑，我們四個人到日本玩，那時候昱翔才小學三年級，四個人的日文，都是有聽沒有懂，所以每次點餐，只能看著圖片用手比，但偏偏每一家的圖片，又都長的差不多，為了不想踩到地雷餐廳，我們事先看了導覽裡的推薦店家，一路上邊走邊找。但是找了好一陣子都沒看到，正常來說，首先發難喊累的，應該是那個三年級的小孩，結果反而是三個大人先毛躁了起來：「怎麼搞的？為什麼找不到？」、「我也不知道會這樣，早知道就先讀旅遊書了。」你一言、我一句的抱怨起來。突然間這個小朋友說：「妳們為什麼要不高興？我們可以往好處想啊！」我們問：「什麼叫往好處想？」他說：「我們現在，只是找不到好吃的餐廳而已，可是我們剛剛，已經玩了很多有趣的地方啦！」當場的三個大人，瞬間安靜了下來。

昱翔一直都是用客觀的角度，看待每一件事，他最大的優點，就是不太會去責怪別人，也很少聽到他抱怨，這是比較超齡的地方。雖然，孩子還不到20歲，但在心智上，其實是遠超過於實際年齡的，有些時候，他讓我感覺比自己還成熟，許多事，都有一套自己的規則和尺度。

大人的盲點，有時候在於分析事情不夠寬廣；昱翔恰好相反，他覺得不到完美的東西，絕對不會強迫自己說到滿分。好比說有一次，我穿了一件很喜歡的衣服，對他說：「你看媽媽穿起來很漂亮吧！」一般小孩可能會有兩種說法，一種是：「會嗎？哪有？」另一種是：「對啊，很漂亮！」但是兒子卻說：「媽咪，這真的不到100分，大概7、80分。」他還接著說：「不過如果是別人問我，他也許比較喜歡被讚美，我可能會說90分，但沒辦法加到100，因為這樣就違背自己的意思了。」哇，我當下真是驚訝，自己的兒子，竟是如此細膩的在分析事情。

父母要懂得，給優秀孩子表演的空間，我們就像是舞台上的spotlight，在對的時間點，將燈光打在身上，才會突顯他的過人之處，否則優點只會被白白埋沒。

孩子之間的資質差異，其實沒有想像中那麼大，而是做父母的要懂得，給優秀孩子表演的空間，我們就像是舞台上的 Spotlight，在對的時間點，將燈光打在身上，才會突顯他的過人之處，否則優點只會被白白埋沒。但是，如果我們以大人「覺得」優秀的標準，去看待孩子，反而會讓他們失去了表現的機會。

有些父母，喜歡用自我感覺良好的態度，去教育孩子，如此一來，小孩很容易被掌控而失去自我。每個家長，都希望將來以小孩為榮，但是如果只是為了滿足自己的面子與虛榮感，這孩子豈不是很可悲。自己常跟兒子說：「你很會讀書，各方面也很優秀，這真的讓我很驕傲。但是，你一定要記得，你所擁有的優秀和出色的才能，絕對不是因為爸媽的面子，才必須存在的。」當然，每個人都會有虛榮心，我也會忍不住想讓大家知道，自己的兒子是多麼的優秀。但同時也會提醒自己，無論孩子的未來是如何，這種驕傲的感覺，不一定是會一輩子的。

有一次他跟同學約好，要去平溪放天燈，我跟先生剛好要出門，就順道開車載他去車站，途中這位同學打電話給兒子，問他起床了沒，兒子回答已經在路上了。突然，我想到這位同學，就住在我們家附近，於是就問昱翔：「要不要順道載你同學，你們再一起搭車。」他才恍然大悟般的說：「對吼，我怎麼沒想到。」電話才掛掉，就看到他同學剛好在我們的車後方，當然就一起載他們去搭火車。我跟老公說：「等昱翔回來，有件事要好好跟他溝通。」

晚上兒子一回家，我就說：「媽媽有件事要跟你說，就發生在今天。」他一臉毫無頭緒的表情：「怎麼了？」我問他：「是你比較知道你同學住哪，還是媽媽比較了解？」他回答：「當然是我啊。」我繼續說：「那你好好想想，同學在出門前，還關心你是否起床了，你怎麼沒想到要順路去接他呢？」他這才明白，原來我在意的是這件事。我的語氣和緩：「這就是你要學習的地方，因為你是獨生子，沒有主動關懷別人的習慣，這也是媽媽最擔心的，多替別人著想一點，你同意嗎？」他很快就理解並接受，點點頭說：「嗯，同意。」我接著說：「即使開車的是爸爸，你也可以開口問，是不是方便接同學上車？何況是同學主動，打電話關心你，總要回饋一下人家吧！媽媽沒有怪你，只是希望你能多點體諒、多學習，這對你的人際關係，也是有影響的，這種小細節要注意一點。」扮演著母親的角色，自己很清楚知道，什麼能歸咎我的孩子，什麼不能怪他。

昱翔小時後，我就希望兒子是個充滿熱情的孩子，能夠主動關懷別人，懂得去幫助別人，這都是比讀書更重要的事。獨生子的小孩，在成長環境中，沒有兄弟姊妹可以讓他學習分享、體諒，所以有些事，如果做父母的沒有教，想必孩子是不會懂的。如果父母願意在孩子身上，多花一些時間，跟他們做一些溝通或互動，我覺得孩子會很真實的，擁有那種幸福感。

今年的農曆新年過後，我們去了香港，順便去逛了一天迪士尼樂園，因為兒子已經大學，而且去過日本的迪士尼，所以很擔心他會覺得無趣，為什麼要來這麼小的遊樂園。於是在玩完整個園區後，我對兒子說：「不好意思，香港迪士尼這麼小，我還逼你來玩，你一定玩的很掃興吧！」兒子回答：「媽咪，妳根本不用想這麼多，小時候，是妳帶我去迪士尼玩，今天感覺是我陪妳來喔！」這簡單的一句話，卻讓自己覺得很貼心、感動。

一直以來，都是我們帶著孩子出去玩，因為怕孩子會肚子餓，父母常會準備一堆吃的放在包包裡，不過這次出去玩，卻發現一個好玩的現象，到了中午用餐的時候，是他從袋子裡面拿麵包給我，也許這只是一個簡單的動作，甚至很多父母覺得理所當然，但是這也證明，如果父母願意花多一點時間，參與孩子的成長過程，那是一種很幸福、甜蜜的成就感。孩子小的時候，我願意花很多時間陪他、愛他，培養跟他之間的情感，在孩子經歷這些過程之後，就能理解父母的愛，並且幫助親子關係更為親密。

多數的父母會認為，自己花了好多的時間、心力在孩子身上，可是為什麼孩子長大後，跟父母越來越疏離，其實這是因為小時候，孩子不懂得釋放，壓抑了累積太久的情緒，促成親子關係相對嫌隙，導致無法建立成長後的親密關係，這是多麼的可惜。

我的孩子經過高中的淬鍊，直到現在，我看見他越來越成熟的一面，也許還不擅長表達對父母的愛，但是他會不斷告訴別人，自己的父母給了他很多很多，自己有多麼幸福，而且很開心能在這個家庭長大。我相信這一番話，不是只為了炫耀，而是有感而發的心情寫照，這對父母而言，的確是結成幸福的果實。

關心孩子的身心發展，比關心他的成績分數，來得重要許多。現在的孩子，比較不喜歡跟別人打招呼，但是很多人都覺得昱翔很有禮貌，姑且不論是天生的，還是教出來的，對於禮貌這件事，的確是我比較嚴格的地方。好比說他要去上學了，一般孩子可能會簡單的說再見，很多人會覺得這樣就可以了，起碼他有說再見，但這時候我就會有聲音了，至少要叫人吧！我會半開玩笑說：「妳阿嬤跟你媽媽這麼胖，你沒看到喔，你是在跟誰再見，跟牆壁再見嗎？」

有時爸爸載他上學，下車時，兒子都會跟爸爸說聲謝謝，相形之下我都覺得慚愧，因為自己是老婆，所以似乎是「理所當然」。還有一次，我帶兒子跟朋友去吃飯，結帳時是朋友付錢，通常這時候，都是爸媽推著孩子說：「跟阿姨說謝謝。」沒想到，他自動的跑去櫃檯說：「阿姨，謝謝。」這下不只阿姨嚇了一跳，連我也出乎意料，他竟然是這麼貼心，這就像他跟爸爸說謝謝一樣，禮貌是要被訓練的。

很多人都覺得，我一定是很嚴格的媽媽，但兒子常常會跳出來說：「你們不要怪我媽媽，你們不要這樣講我媽媽，我媽媽對我一點也不嚴格。」我只是嘗試做一個可以溝通的民主媽媽，也只是個平凡的母親，我不是教孩子的天才。

上 / 全家福合照
下 / 母子香港遊

4-3

沒人要你按鈴搶答

媽咪：你看起來心情不好，要不要聊一聊。

兒子：沒關係不用了，妳忙妳的事情。

媽咪：為什麼不聊呢？

兒子：媽咪，我不是不想跟妳聊，
但是妳可不可以聽我把話講完。

我是企業教師的身份，喜歡在課堂上跟學生說，要學會傾聽；但是親愛的爸媽，請捫心自問，你們真心傾聽孩子聲音次數，是不是五根手指頭就數完了。

昱翔回家的時候，都會習慣跟我聊聊天，分享今天發生的大小事，不過某一天，他看起來心情似乎不太愉快，於是我說：「兒子，你看起來心情不太好，要不要跟媽媽聊一聊。」他悶悶的說：「好。」當我們才聊到一半，話都還沒聽完，媽媽的「職業病」就犯了，急著想跟他建立觀念和想法，並告訴他怎麼做會比較好，當下他也很專心的，坐在旁邊仔細聽，聽完以後他說了聲：「媽，謝謝。」就進房間了。我以為事情解決了，殊不知他其實帶著遺憾離開。

> 當下自己才明白，我不用給他什麼建議，孩子只是需要，有人好好聽他說話而已。

大概過了三個月，又見他心情不太愉悅的回家，我又對他說：「你看起來心情不怎麼好，需不需要聊一聊。」他跟上次不一樣：「媽咪，沒關係不用了，妳忙妳的事情。」基於關心的立場，我問他：「為什麼不聊呢？」，他回答：「媽咪，我不是不想跟妳聊，但是妳可不可以聽我把話講完，再給我建議。」我還不明究理的問他：「我沒有嗎？」這就是父母的盲點，自己犯了錯還渾然不知。

於是，我向他保證，會聽他把事情講完，他才願意坐下來和我聊聊。講到一半，自己又犯了相同的錯誤，兒子立刻起身：「媽咪，妳看吧，妳就是那麼急著給我建議。」當下我才恍然大悟：「對不起，媽媽沒聽你把話講完，你繼續說。」過了一會兒，兒子在講完事情的原委之後，卻告訴我：「媽媽，謝謝妳，我覺得我已經沒事了。」然後就開心的離開。當下自己才明白，我不用給他什麼建議，孩子只是需要，有人好好聽他說話而已。

那天晚上，我思考了很久，自己究竟出了什麼問題，一個每天教別人傾聽的老師，自己忽略了這個細節，而且還一再犯了同個錯誤。第二天，我向兒子道歉：「對不起，因為媽媽一直扮演著三個角色，第一個角色是多年的主管，第二個角色是一位老師，第三個是媽媽，也是最重要的角色，因為這三種角色，讓我變成了急性子，我必須快速給建議和下決策，導致忘了傾聽者，最基本應該具備的條件，我覺得自己犯了一個很大的錯誤。」他笑笑的跟我說：「媽咪，為什麼妳要道歉，我真的覺得昨天跟妳聊天很愉快。」當父母知道自己問題所在的時候，跟孩子道歉這真的沒有什麼，反而才能一起去正視，彼此之間存在的問題，然後學習解決它。

■

100分的媽媽，不是人人都能當，至少我知道自己不行。雖然從小到大，我給兒子的建議，他幾乎都會接受，也讓我感覺，他不是迫於無奈或威嚇，自然而然，也許會誤以為，他表現出來的都是自己的意願。在這情況下，自己反而會擔心，是不是其實他，也有很多勉強與無奈，只是不敢說出來。昱翔很細膩的察覺到，媽媽所擔心的事情，加上我會三不五時的反省自己，也給他很多機會，去表達自己的想法，所以我們始終維持著，良好雙向溝通的互動模式。

直到面臨了選填大學科系的時候，我們雖然經過長時間討論，但是也擔心，他會不會是不想讓爸媽失望，所以填了國企系，而不是自己原本想唸的科系。兒子進入大學之後，我反覆思索，最後真心的告訴他：「如果你因為念國企系而感到不快樂，那媽媽同意你轉系。」我並不希望，是由於父母而讓他做了痛苦的決定。不過他回答我：「念國企系並沒有排斥，只是現在較難突破的，是班上的小型社會，還有人際關係的相處。」

在國企系裡，有許多是私立高中畢業的孩子，家庭經濟狀況其實都很富有，雖然老公長年經商，自己也當了很多年的老師，在我的眼裡，昱翔卻像生長在學術界的孩子，而不像商人的小孩。所以當兒子進入這小型社會後，似乎被迫需要扮演社會上的領導，把自己弄得像 CEO 一樣，偏偏他的單純，讓自己對這樣的氛圍感到不適應。不過重點，還是在人際關係上，例如看哪位同學不順眼，或是對某個主流議題不感興趣，是不是就會被排斥，那以後出了社會，是不是也會面臨同樣的問題？他把自己陷在這矛盾的問題裡，現在的不快樂，造成他在人際關係方面感到疑惑。這或許也是大部分孩子，都會遇到的問題，但是解鈴還需繫鈴人，此時父母的建議對孩子來說，只是僅供參考，因為唯有找出讓自己接受、認同的平衡點，才能用平常心看待任何人、事、物。

強迫孩子順從父母的想法，是大人常犯的錯誤，事實上，我們必須要釐清每一個相處細節，什麼時候該適當的扮演朋友，什麼時候要當真正的家人，扮演父母跟家人的時候，可能是嚴肅黑臉的角色，可是當扮演朋友的時候，孩子就感受不到，我們給他的愛，這之間的分寸拿捏，當然並不容易，然而這就是身為父母，該去學習的功課，這是親子之間一輩子的課題。

4-4

孩子不是我們的拼圖

兒子：媽咪，我想念戲劇系。

媽咪：可不可以先念商學院，之後要副修任何科系，
　　　我絕對不會干涉。

昱翔的大學學測考了滿級分，當時很多親朋好友，都說一定讓他填醫學院或法學院，不過我並沒有給他壓力，要求他一定得照我們的期望。這段期間，我剛好看了一本書，裡頭有一句話「孩子不是我們的拼圖」，我覺得形容的非常好。每個父母的心目中，都有一個十分理想的境界，是我們夢想拼湊建立起來的方式，不過很可惜的是，孩子不是拼圖、積木，他是個獨立的個體。

曾經，我也希望，昱翔能依照父母的意見，去拼湊我們的理想，可是那些崇高的身分地位，不一定是孩子喜歡的，所以當他說不想念醫學院、法學院的時候，自己其實是可以理解的，但因為現實的種種考量，對於他想念哲學、中文、戲劇的想法，我實在無法完全接受或妥協，這也是我們在選填科系時，溝通上遇到的最大問題。

當兒子說：「媽咪，我想填戲劇系。」我花了許多時間與他溝通：「那你可不可以念商學院，只要時間充裕，副修任何你所喜歡的科系，媽媽絕對不會干涉，因為在現實層面下，我希望你要保障自己將來的生活品質。」雖然自己的想法，不一定是對的，但仍希望他體諒爸媽對子女的愛，每個父母都希望自己的孩子，未來能有好的生活。我接著說：「你討厭的東西，我不會去強迫你；如果你不至於太討厭的話，那是否可以試著接受它，多餘的時間，再去做其他有興趣的事。」。

乍聽之下，似乎有點半強迫的方式，只是希望將來他的日子，能因此過得比我們更好，而不要讓自己在底層徘徊。

這條通往未來的路，其實他可以很輕鬆的到達，所以建議以商學院為基礎主軸，如果想念文學、戲劇，都可以做為副修的科目，即便未來想做文創事業，不僅需要有企管的基礎觀念，更能將文學素養加入，如此一來，畢生所學的都能夠運用自如。當然，這是父母單方面的想法。

我甚至曾希望，昱翔能去念北京大學或者香港大學，但是他給了我很多的理由，說明不想去念這些學校的原因，俗話說「強摘的果子不甜」，強迫孩子的結果，絕對不會是好的。孩子是獨立的個體，無論父母做不做得到的事，都與孩子無關，讓孩子來成就爸媽的夢想，是很不公平的一件事，我也擔心兒子，誤以為自己是這樣的父母，所以一直到現在，還是擔憂這個決定，對他而言是否真的開心。

直到現在還是有很多人告訴我：「你兒子考滿級分耶，怎麼不去念醫學院？」之類的話，每次聽到這些，心裡還是會猶豫一下，自己也希望他可以當個醫生或律師，聽起來是很有面子，可是若不是孩子真心喜歡的，他在醫學院可是要痛苦7年，更別說要背什麼法律條文。到時候做父母的，就得面對五年，甚至是七年不開心的兒子。所以，當父母的不能鑽牛角尖，遇到孩子的事就是要想開一點，看遠一點，孩子才能真心跟我們相處一輩子。

每個孩子無論幾歲，在父母心中永遠是個孩子，是無法全然放手的牽絆。我相信，也有爸媽能放心讓孩子獨立成長，但那也只是形式上的放手，內心的關切是永遠不會變的，血濃於水的感情，是不可能抹滅。然而，千萬不要把善意的關切，變成孩子的另一種負擔或距離。不久前才和兒子討論，關於騎機車的事，因為出於擔心，所以我不希望他騎：「可不可以不要騎摩托車？不然我們買一台車來開。」兒子一定不了解，為什麼媽媽要這麼擔心。後來我想了一個辦法：「好吧，我陪你一起去學，至少先考上駕照，我也比較安心一點。」而且我還是要做行前約定：「騎車一定要戴安全帽，不能戴耳機，危險的地方不要騎……。」畢竟自己只是平凡的媽媽，我真的很擔心，但又希望這樣的方式能被孩子接受。

■

關於人與人之間的相處，自己有個理論叫「目的論」，例如說，我和先生結婚，就是覺得兩個可以生活在一起，照顧彼此一輩子，這就是目的。所以，只要會違背最後目的的事，我絕對不做，這也是從結婚至今，我們都不吵架的原因，因為我們結婚的目的，不是為了吵架。把這個理論套用在親子關係上，我今天將孩子生下來，不是要跟他意見不合，也不只是傳宗接代，更不是要把他變天才，而是希望得到一種情感的延續，擁有良好親子關係，所以會破壞親子關係的事，自己也都盡量不做，這就是我的原則。

第五章
chapter5

滿級分
的獨門訣竅

5-1

適當努力就可以念得好 — 國文

- 蒐集關聯性的邏輯
- 字音字形
- 弄懂文言文修辭、典故
- 不拿分數賭氣
- 我的作文怎麼了？
- 精讀好文章
- 寫心、寫情、寫出好成績

不少人說國文沒有範圍很難準備，其實它只是範圍比較不明顯，不過它是唯一只要適當努力，就可以唸得很好的科目。

剛上國中的時候，我也認為國文很難，好多詩詞和文言文的閱讀測驗，以及一大堆引經據典的字句，讓我覺得，國文根本是攸關個人的文化底蘊。也就是說，除非從小認真背唐詩宋詞，或者喜歡看歷史故事，如此一來，國文的成績，才能名列前茅。然而，事實卻不是這樣的。

同學需要的，只是認真上每堂課，並且認真訂正每一張考卷。

蒐集關聯性的邏輯

老實說，自己到了國三，還不知道楚漢相爭在幹嘛，這輩子也從來沒有認真地看過三國演義，我發自內心的覺得，那些東西與我何干；但是唯一令人有興趣的，是用分析和推理，把很多事件串連起來，或者推翻以前別人錯誤的觀念。例如，曾有補習班老師說：「岳飛被害死是活該。」我想知道這故事的原委，所以去查了南宋跟金對抗的資料；又譬如讀孟嘗君傳或賈誼論，我也想知道當時的社會是怎麼想的，這些具爭議性的歷史議題，應該要還原彼時的情況，才能理解被推翻的政策或人物，所以我就多瞭解了，王安石或蘇軾這些人的歷史背景。

字音字形

每一本國文總整理的書（例如搶救國文大作戰），都會有一大篇字音、字形、字義，相信大部份的人，絕對不會認真把它背完吧，那個當字典用就可以了。畢竟會考的字就是那些，當然考卷也有可能，出現不少我們不會的字。訂正的時候，努力把這些字熟記就好，頂多再錯個一兩次，總會記得；如果是難得的冷僻生字，那再出現的可能性相對就偏低了。

另外，很多老師會說字音、字形，是一定要拿到的基本分，可是我不覺得，投資報酬率太低了。如果認真訂正了，每一張寫過的考卷，學測和指考，還是出了你不會的單字，那別人應該也不會吧（笑）。

弄懂文言文修辭、典故

學測會出現的文言文，都是來自四十篇古文。只要把文章裡面的難字、修辭，以及典故弄懂記熟。怎樣的程度算是記熟呢？大約是說出一個句子，你就知道是哪個作者，哪一篇文章的程度。例如蘇轍的黃州快哉亭記，感覺好像很重要，但是它並非是選文，能把它唸過一遍固然好，不過，你會看到相關的題目，只會出現在閱讀測驗或考古題而已。

攸關高分的四十篇古文，基本上同學都會認真的研讀過，它的題解和作者之類的資料，是不用全背的。因為目前考試的走向，只有一部分的作者，像唐宋八大家和先秦思想家是重要的，他們的文章，是被公認為最有價值的第一批。如果大考在即，就把作者的字忘掉，號留著，畢竟號是作者自己取的，相關文章比較會留下，他的思想或籍貫等線索。

當中，一定要清楚的了解年代先後，因為這跟當時的政治文化背景，絕對是息息相關。例如陶淵明的詩，不被鍾嶸列成上品，是因為南北朝崇尚文風華麗，或者某個作家會被貶，是因為他跟執政者唱反調之類的。一定不會考的東西，是地名和政治相關的細部資料，重要的地名，會伴隨比較具體的事件，例如韓愈的祭鱷魚文，是在潮州當官的時候寫的，事件發生的地點，才需要去刻意記得；例如，老師喜歡強調的范仲淹，他寫岳陽樓記的時候，人不在岳州而是在鄧州，課本只提到他在鄧州當官，這種就算了。老師也會認真解釋，某個大文豪當的官，是相當於我們熟知的宰相或什麼位階，有興趣當常識很好，沒興趣就作點取捨吧！

不拿分數賭氣

國文的解釋沒有一定，尤其是解釋新詩或現代散文的題目，常常有爭議選項，盡量去猜出題老師，他會給什麼標準答案，除非你無論如何都說服不了自己，出題老師所期待的答案是沒有瑕疵的。這不是要我們不能有自己的詮釋和想法，畢竟大部分課文的任何文章，不是作者已死，就是世代久遠。自我解讀的想法、見解，與老師的答案不同，有可能是由於時空背景的迥異。但是切記，不用拿自己的分數開玩笑，或者說，賭氣。

我的作文怎麼了？

小學需要寫週記和小作文，國中更是直接考在基測裡，我曾經以為自己的作文很強，因為老師們和爸媽都這麼說。然而高一開始，對我而言，寫出通順的語句變得困難，學過的字詞用不太出來，作文分數都偏低，也不再被老師唸出來當範文。我不知道發生什麼事了。

這不禁讓自己想起江郎才盡和仲永，但我應該比他們更沒有天份。

高三是我人生中第一次，主動去讀中文創作小說。因為當時的好朋友是個文藝青年，總覺得不能輸給他，就借書來讀，出乎意料的，卻讓作文突然進步很多。中文創作的好處，是它的中文語法與翻譯文學不太相同，看多了，寫出來的文句，自然會比較通順，有一些修飾或連接，也是潛移默化中學起來的。在高二的時候，自己曾經被老師說：「文章讀起來很像翻譯文學。」一方面是因為自己在學日文，又很愛看日本的小說，還會自己翻譯文章、歌詞，但這終究不是適合中文寫作的語法。

精讀好文章

知名的文章，往往把當代的議題和價值觀、佈局或隱喻在文字裡，這種能夠讓讀者感到心有戚戚的方式，就是作家的功力。

高中生其實已經了解很多價值觀，但未必能夠整理成精鍊完整的句子。看到作家生動的描述或分析，我們會清楚知道，普世的價值觀是什麼？或不是什麼？在臉書或信箱，氾濫寄廣發的那些感人文字，雖然也讓人產生共鳴，但沒有創新的文采，更沒有特殊的修辭，相較於中文好手、名家作者的用字遣詞，還是相去甚遠。

其實，很多當代文學，不像課文那麼無聊；雖然，網路小說或輕小說之類一定比較有趣，內容也會涉及值得思考的社會意象，不過，如果只用這些小說來充實的話，自己反思內容的能力，就要更強喔！

我曾經以為高中會很要求文筆，其實，真正重要的是，對所謂的常識或大事件，要有能力用文字，清楚的表達出自己應有的見解。除非是很愛看書、有閱讀習慣的同學，否則短期內，很難把讀到的資訊，用漂亮字詞呈現在文章裡。有時候，題目是道德性的，如果同學只能想到大多數人的價值觀，或者自己原本就贊同這樣普遍的觀點，請不妨試著去想，為什麼有些人跟我們想的不一樣。善用古今中外各種例證，而且以雙軌式寫法行文，列舉兩方觀點差異。

寫心、寫情、寫出好成績

回歸到最原始的問題：題目和題材。

只有作文是真正評估學生課外吸收的資訊。一般社會科會考時事題，其實，時事只是背景範圍，將課本的東西融會貫通，時事根本不成問題；但如果不知道時事，作文還真的掰不出來。

這部份，也是自己覺得做得不夠的部份，要能旁徵博引，就必須知道越多的資訊，正確的引用實例故事，無論如何都是加分。另外，如果題目需要描寫自己的心路歷程，盡量把自己最深刻的東西，全都呈現出來，比起快樂傷心的情緒，不如描述一種，在靜止中流動的狀態，例如喜悅、浪漫，或煩躁、失落，這些令人不知所措的細部行為，會比較能寫入閱卷老師的心裡。

建中的國文老師，常讓我們練習兩個很重要的東西。一是閱讀筆記，每兩周要看一本書，不設限是文學作品，並交出心得。唸小學的時候，應該很多人討厭寫閱讀心得吧，像學習單的制式規格，侷限了學生的表達方式；但我們班級的閱讀心得，是隨便我們寫，老師也不在意格式段落，重點是讀到了什麼，對書的內容有自己的見解，以及願意嘗試新的閱讀風格，這些都是被鼓勵的。

二是美感筆記，練習的是我們的觀察力，從日常生活的平凡小東西找題材，看出不一樣的東西就可以寫，這些真的都很有幫助。（再次感謝老師）

我也贊成背名言佳句，但無須整句引用在作文裡，比較可取的作法是，閱讀的時候，看到突然令人感動的地方，就把它記起來，將意思寫進去會比較自然。很多的經典都會被表面化，我們習慣歸類，一句話、一件事或一個偉人，代表的就是一個觀念或意義，例如小的時候，課本的教法，讓我們仇視共產黨；但是長大後，你就會了解，在那個歷史背景下，為什麼會出現這樣的思潮。名言佳句這種東西也是一樣，想想它時空背景的意涵，就能夠延伸成字句，保留恆古至今的價值，這樣就容易感動閱卷者。

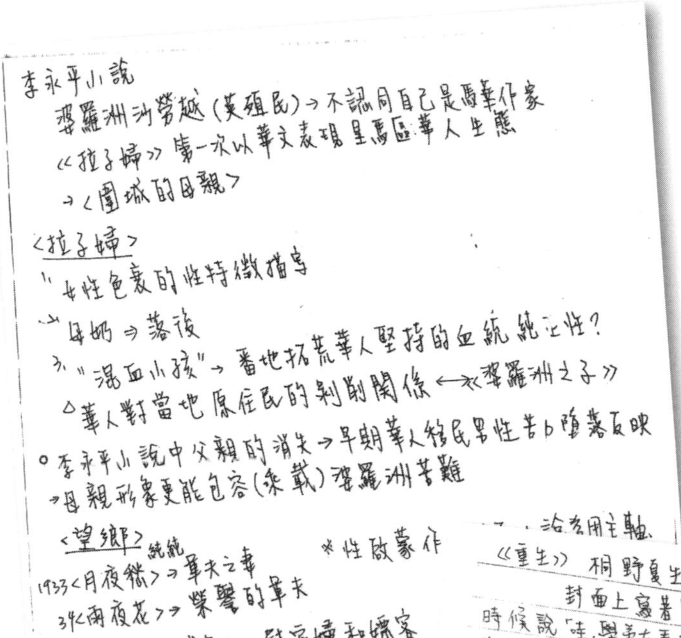
李永平小說
婆羅洲沙勞越（英殖民）→不認同自己是馬華作家
《拉子婦》第一次以華文表現星馬區華人生態
→〈圍城的母親〉

〈拉子婦〉
1、女性角表的性特徵描寫
2、母奶⇒落後
3、"混血小孩"→番地拓荒華人堅持的血統純正性？
△華人對當地原住民的剝削關係←→《婆羅洲之子》
○李永平小說中父親的消失→早期華人移民男性普遍墮落反映
→母親形象更能包容（承載）婆羅洲苦難

〈望鄉〉　　　　　　※性啟蒙作　　　　給予用主軸
1933〈月夜愁〉→車夫之妻
34〈雨夜花〉→紫鑾的車夫
1、庵仔魚和捕魚人、餅家婦和嫖客
△《望鄉》電影中墓碑背日→被日
　↳サンダカン八番娼館（山崎朋
朱鎬
∨七歲古亭國小女孩
∨純潔、污穢
∨被告解或強迫聆聽的對象→逼迫
∨~~抒情自我~~（lyric self）的聲音與腔
◎領路鳥
　什么樣的敘述需要一個傾聽

《重生》　桐野夏生　（翻譯小說）
封面上寫著「日本寫實小說女王」，學長看
時候說「哇，學弟在看桐野夏生耶！」，可見作者的
公認的地位和特色，而這個特色便是新世代文
　故事是在描述失憶的青年和從獨立塾逃
展開新生活，分段以兩位主角交錯的第一人稱角
情節和觀點。由於自己很喜歡日本文化的關係
主要舞台——沖繩縣的背景敘述讓我看得起
大概可以說是自己喜歡看日本作家小說重大的原
算本來對那霸、宮古島不了解，作者就是可以不著痕
感受到那裡的氣氛，對景物外在的描寫自然很重要，
學到的當然不只這樣，例如，主角的少年昭光是宮古人
州對沖繩的歧視，甚至本島對離島（沖繩內）的想法和
對話和主軸情節中，也許我們都知道本州對非本島有
以用最深刻的實例將一地的內合，文化甚至大觀念
讀者肯定就是這樣的書吸引人的大原因之一。
　此外，作者試著用成熟的筆法讓一般大眾更貼近
少年的一些現象，一般人知道現象（就像大家都知道cos
扮演畫角色可是不會想去深究業才精神一樣），新世代的一些
行為更算是封閉而族群內限定的，大人們便不懂為何如此
想宅在家，有人不想工作，這些消極和絕望，作者看到了，懂了，
推廣給大眾了解（雖然真的很難），不過重點是她引發了
（例如我）有關這些人的思考模式探索，雖然身處不同文
處境，青少年們的心境會有重疊之處，「自己是不是在
的生活中其實也成了沒有夢想、對生存意義模糊的人？」
自己的生活接近行屍走肉，不夠充滿希望，某種層面而言自己也
了新世代的沒有動力中了吧？這是自己思考到也該思考的。
很不錯喔，已經能破除情節的表象，思考到故事背後的
及作者安排的用意和效果，感覺你閱讀的層次進步不少。

上／大學時期文學筆記
下／高中時期國文筆記

5-2

感謝一輩子的繞口令 — 史地

- 背年代是學好歷史的第一件事
- 不斷更新的歷史事件
- 學好地理的第一件事—背地圖
- 想像和關聯法交互運用—地理

背年代是學好歷史的第一件事

歷史想要高分，不需要把每個事件的確切年份都記起來。但是年代會告訴我們，事情的先後順序，以及中西時代對應，而這所代表的，就是每個事件發展的脈絡和因果關係。把理由串連起來，才可以不用條列式的，去死背課本上的東西。

史地的重點就是朝代順序。從剛開始教中國史（國一下或國二上）就要背好，而不是教完上冊的時候（國二上完）。夏、商、周、秦、漢、魏晉、南北朝、隋、唐、五代十國、宋、元、明、清，小六的班導，強迫我們當繞口令背起來，保證我們感謝他一輩子，於是我真的感謝他一輩子（笑）。

接著是世紀，如果可以大約記住，中國一些朝代是幾世紀開始，就可以跟歐洲的發展對在一起。

太細的部份，如國王登基的年份，或者國家哪一年獨立之類的東西，因為現在提倡不要死背，師長們會告訴同學，這些東西只會考先後順序。如果歷史課和地理課，一個禮拜有五六節，老師就會有時間，把這些事情的故事始末，統統告訴學生，那麼同學就真的可以，只背先後順序，但實際的課程時間，是根本不足夠的。所以我的作法，還是會先背起來，並且自己把故事填充進去。年份忘記就算了，至少會有個隱約的印象。

不斷更新的歷史事件

歷史老師不會有時間，解釋每件事，學生也不會有時間和力氣，主動查資料，這個時候，同學需要的其實很簡單——想像力。

我們的歷史課本上，充斥著對於別的國家而言很重要的歷史，但囿於教學的輕重編排，很多國外的大事件，被簡化成短短幾行字，如果可以設身處地，想像事情發生當時，那個皇帝或人民所遭遇的問題，他們的情緒以及可能的面對方式，這些本來遙遠冷漠的內容，就會留在腦袋裡久一點。

當然，比起想像力，有實際的常識會更好。越近代的內容會教得愈細，這其實關乎每個人，平日的涉獵，譬如日本幕府加上戰國時代，在課本只有小小一章。但對於有接觸日本ACG的人來說，大概熟得根本不用教了吧？同理，喜歡研究戰爭的人，關於世界第一、二次大戰的戰略、國家盟派，甚至其他同學背得很痛苦的地名，他們肯定瞭若指掌。

在這個階段，對一些歷史性的小常識，保持好奇心是重要的，如果在電視、書本、網路，看到相關的東西，甚至茶餘飯後聽到的相關議題，多留心一下，就能知道比課本多一點細節，是很有幫助的。

有關思想的細節，是最容易被跳過的部份，考出來大家也最容易搞不懂。基本精神老師大概都會帶到，但細講會太花時間，又怕解釋到一個程度，卻沒有讓學生完全理解的話，同學會誤解這些思想的核心，而產生不完整的刻板印象，以及偏頗的評論觀點。

如果能自己查一些資料，甚至看一點論文當然最好，但一般人可能沒有興趣吧。同學們不要因為課本說明，或老師講的一兩個案例，就定下對某個概念的評斷，每個思潮的產生，一定有其形成的歷史脈絡，像中國不同時期的文壇風氣，常是想改正上個時代的氾濫趨勢，不同的支持理念，都會有正面和負面的案例。客觀一點，把這些事放在歷史的時間軸上看，不要急著有立場，除非我們確定自己真的了解。

歷史的精神，就是關懷人的事件軌跡。我不大同意，所謂「歷史的錯誤，可以讓我們記取教訓」，這類冠冕堂皇的話語。大量的歷史，爭奪的東西不外是權力、美色、錢財，以及領土，這是從古至今不變的人性貪婪。然而，史書也是人寫的，史觀當然會受當代環境和思潮影響，當代覺得不大正確，甚至不可思議的價值觀，對於當時的人來說不容質疑，可能也難以想像會被撼動。不只歷史事件反應人性，所有評論的後世學者、人民，大都反應當代的價值思考，一般也回歸人性議題，這些是歷史有趣的地方。對人的行為有更多的關心，就可以成為對史地的學習動力吧！

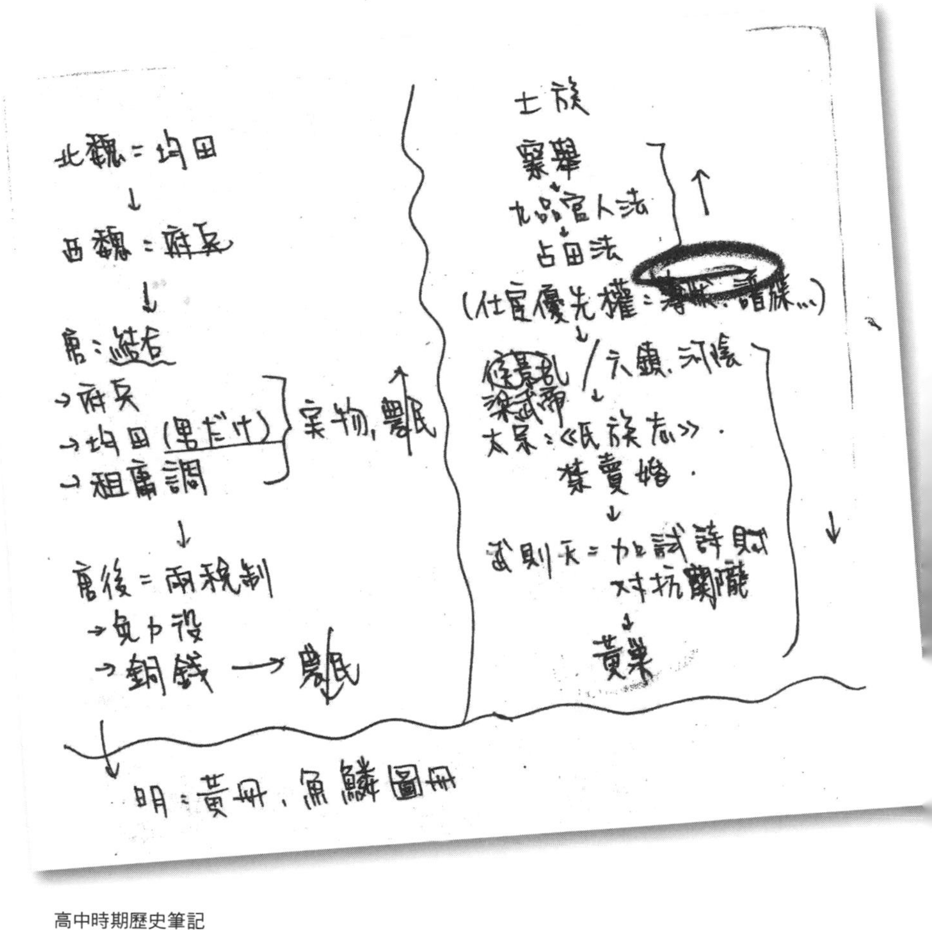
北魏＝均田
西魏＝府兵
唐：遊古
→府兵
→均田（男だけ）
→租庸調
実物，農民
唐後＝兩稅制
→免ㄅ役
→銅錢 → 農民
明：黄冊，魚鱗圖冊
士族
察舉
九品官人法
占田法
（仕官優先權＝
侯景乱
梁武帝
太宗：《氏族志》
禁賣婚
武則天＝加試詩賦
対抗關隴
黄巣

高中時期歷史筆記

學好地理的第一件事—背地圖

地圖為我們的記憶增添圖像，讓需要背誦起來的內容，不再只是字面上的意思。一定要背的，是地形（山、河、海、高原、盆地等）和洋流（洋流其實都是用它附近的地名命名，所以很簡單）。因為山川是天然的，最容易跟當地民族的生活模式，以及文化產生關聯。國名和位置，除了巴爾幹半島和中南美洲，勉強可以不太熟，非洲可以淡化處理之外，其他國境都要了然於胸才行。首都和重要城市，等身經三年百戰考試就會清楚了。

至於上面說的區域，為何可以稍微鬆懈，那是因為台灣的位置。我們身處在亞洲一隅，如果我是希臘人，肯定小學就會知道巴爾幹半島，包含島上全部的國家，以及賽普勒斯在哪裡，甚至哪裡發生怎樣的內亂……。

國中的時候，地圖我都會自己畫一遍，會把地形、山水、國家、城市，甚至一些當地特色的小重點，全都寫上去，反正自己看得懂就好，如果搞得太亂，我就重畫，保證有用。

想像和關聯法交互運用─地理

地理其實是所有科目裡面，時事考最多的。區域地理教給我們的，幾乎都是當代的事，一個地方的地形氣候，不會隨便變，文化演進也會有脈絡存在，這些其實都是常識，只是把 Discovery 或冒險王之類的節目內容，濃縮之後告訴同學，而所有的分類法則或研究工具，只是輔助我們歸類這些資料。

這些常識，經過分類和地理的包裝成為考題，但最終還是要回歸當地基本的環境與文化，例如，我們從國中就把乾燥氣候分兩類，降雨量 250mm 以下是沙漠氣候，

250mm-500mm則是草原氣候，那之上就是溼潤氣候了；曾經有個考題降水量有三百多，但蒸發比降水更多，所以答案還是沙漠，這很合理，因為它擺明了缺水，如果是我大概也會錯吧。當題目把學生往死胡同裡逼時，就要用活的常識應對它，把我們認為正確的東西選出來，不要被課本給的既定規則影響，對於整個地理的吸收，應該會比較好吧！

地理也頗需要想像力，但比起歷史又具體得多，較容易與照片、影片等各種媒介紀錄相呼應，看了課本的照片之後，我會把那些景色填進心中的地圖裡，例如想像山腳下的綠洲，真的孤立在大沙漠裡，加上課本裡坎井的水源模型，把它們結合在一起，如果那裡盛產一種礦，就試著去想像整座城市，充滿那種工廠的畫面，想像的畫面跟真實肯定不一樣，但起碼我是用相關的資訊，勾勒出一個地方的樣貌。

一個人可以體會的實在有限，小說帶領我們體會不一樣的人生，地理則是滿足我們進入不同異域的旅行。

每聽到一個新的歷史事件，甚至新聞時事，你都可以在地圖上，指出它的位置和移動軌跡，並且了解事件的前後，發生的始末。例如「附近」的國家發生什麼事，因而促成事件的爆發，或促使、牽制這個國家的行動。剛開始的時候，會覺得所有地形、國家、首都全部都需要死記，但隨著課程的進度，或複習的方法改變，所有歷史事件和文化現象，就像是被填進去骨架經緯裡面，而不再是遙遠的片段。

不要氣餒，我們總是會需要，比教科書多一點的知識和常識，以應付考題嘛（哈哈）。如果不先做這些功課的話，當然還是能把東西都學好，只是得學一塊拼一塊，比較難掌握一點。

5-3

除了認真，別無他法 — 英文

- 單字
- 文法
- 中翻英題
- 閱讀
- 介係詞
- 作文

身為一個學生，我的自制力真的不算好，英文程度大概只是高中生該有的水準。很多人從小讀英文雜誌、看外國影集、聽英文歌，甚至讀英文小說，他們除了聽讀的基本能力之外，口說方面也很優秀，甚至，英文可能佔據他們生活的一大部分。

我不是這種孩子，但是國、高中的英文老師，交付我們許多練習、測驗、作業，每一課教完都要小考，每個禮拜都要考雜誌（我們是最基本的空英），還會定期考個幾次句型，到了二下或三年級，我的學校要求背好狄克森片語，和學測的四千單字，加上每次段考文法……等等。

上述的東西，若能每次都認真準備，累積到高三，英文就會是高中生該有的基本水準，不至於差到哪裡去。然而，每個禮拜考至少兩、三次的英文，到高三幾乎每天考，要準備到什麼程度呢？基本上是考前一天，花一些時間背，隔天可以應付考試就可以了，背了本來就會忘，常用的字會一再出現，直到它不容許你忘記為止。

單字：

老師要求背單字要看例句，或是看英文解釋。這是為了讓我們確切掌握單字的意思，兩個單字明明翻成中文都差不多，但是在某些情況下，會有不同的意涵，這代表在於美語中，這兩個字的意義，打從一開始就不一樣，只是對應的翻譯文字，不容易解釋清楚，用錯的話，意思可能差之千里。在表達意思的時候，如果能用精確的字詞，是值得自豪和快樂的一件事（笑）。

■

閱讀：

學校如果有閱讀教材，像雜誌或閱讀測驗本……等，起碼要把文章唸過一遍，不要只是背單字就好，讀的時候把不會的單字圈起來，可以從它影響閱讀的程度判斷，這是不是重要單字。句型結構比較複雜的句子，最好圈一下主詞、動詞，看不懂的句子也一定要問到懂。很多時候，除了句構之外，可能是片語或連接的問題。真正考試作答時，除非真的幾乎看不懂，否則盡量看完整篇文章，不要只靠關鍵字就作答。

■ 文法：

文法是英語的基礎，也就是語感，它協助我們造句上容易運用。如果基礎不足，遇到不會的就要趕快問，有機會的話，多看例句把它弄熟。學新文法也是一樣，雖然我們要學句子改寫、句型結構，或者時態運用的時機……等，但最終背好常用句型，能越熟悉句型，才代表可以融會貫通不同的文法變化，用筆記註明考過的文法、句型，才等於真正學會文法。

■

介係詞：

背！此外，去推理這個動詞，為什麼會配這個介係詞。因為，介係詞多少會它有基本的意思，給自己一個合理化的解釋，經過背誦、推演，就可以在寫作文時套用。

中翻英題：

把主詞和動詞抓出來，絕對是個好習慣。確認結構的好處，是可以馬上知道整句話哪些地方會、哪些不會，很快就可以下筆，不用擔心因為粗心，或沒把握而翻錯。

還有，我個人並不太重視英翻中，除非是英文程度超好，以後夢想當翻譯的同學可以及早練習，真正的翻譯，是一件太偉大的事（笑），譯者需要兩種語言精準的字詞力。知道單一字詞或片語的意思，然後整句看得懂就好，什麼都要翻譯的話，閱讀會變得緩慢，也會比較難培養，閱讀英文流暢的語感。

作文：

英文作文其實是很可愛、很日常的東西。老師們希望的是，同學能用基本而正確的英文句子表達。如果要用字艱深、優美，且使用句構複雜的文章，應該是外文系的水準，一般人很難追求，更不需要因為同學的優秀程度，來反責自己。文法正確很重要，寧可簡單正確，也別亂用不確定的合併句或片語，這些也是每個英文老師強調的基本重點。

「細節的延伸」，是這種短文裡最重要的東西。基本上，英文程度尚未達到水準之前，我們會比較害怕。因為內心深處，對於想到好的點子，通常難以使用精準的英文單字，以及句型來表達。英文單字、句型使用不夠多，所以就無法把內心的句子，輕鬆拼組成一篇英文作文；但是，起碼人物的心情，和整件事的因果，我們要講得很清楚。這時候，就要強迫自己練習思考，遇到看圖題或是四格漫畫題，要盡量延伸出沒有在畫面上，但可能發生的相關人、事、物。例如，撞車了，就描述車主或受害人的個性，或是發生之前，相關人物本來要做的事情，他們的目的地等等，再不然描述一下那台車、路況，路人的反應都可以。

練習延續細節，並且讓它們不突兀地，出現在文章裡，之後才是發揮創意，想出跟別人不一樣的情節和結局。寫多一點，可以寫得比較完整豐富，它不像國文作文，評分標準每多五十字扣一分之類，字數可以作為英文能力的證明之一。但不要為了寫多，把故事說得太曲折，這樣不夠細緻的敘述句會比較多，就有流水帳的危險，寧可花很多力氣，用較多文句去訴說事件，盡量將故事說的有趣些，倒不用在結局的部份，為了製造意外和驚喜，而橫生枝節。

我曾上過劉毅的模考班，補習班讓我們熟悉大考題型，反覆出現的單字和文法就是重點，題目平均難度好像比較高，所以有時候，可以意外背到一些不錯的東西。

最近我開始看Amarican Idol，才驚覺自己都沒有在生活裡接觸英文。因為在日本的音樂和文學上，找到很多樂趣，對英文的影視娛樂接觸非常少，所以再怎麼認真唸書上課，也學不到一些道地的用字、說法，無法習慣各種英文口音。所以看些歐美電影、影集、聽點英文歌，還是不錯的，這是自己要努力的方向。

即便同學對自己未來目標明確，以後不會跟英文有太多的接觸，但是高中的英文能力，還是基本且必備的！

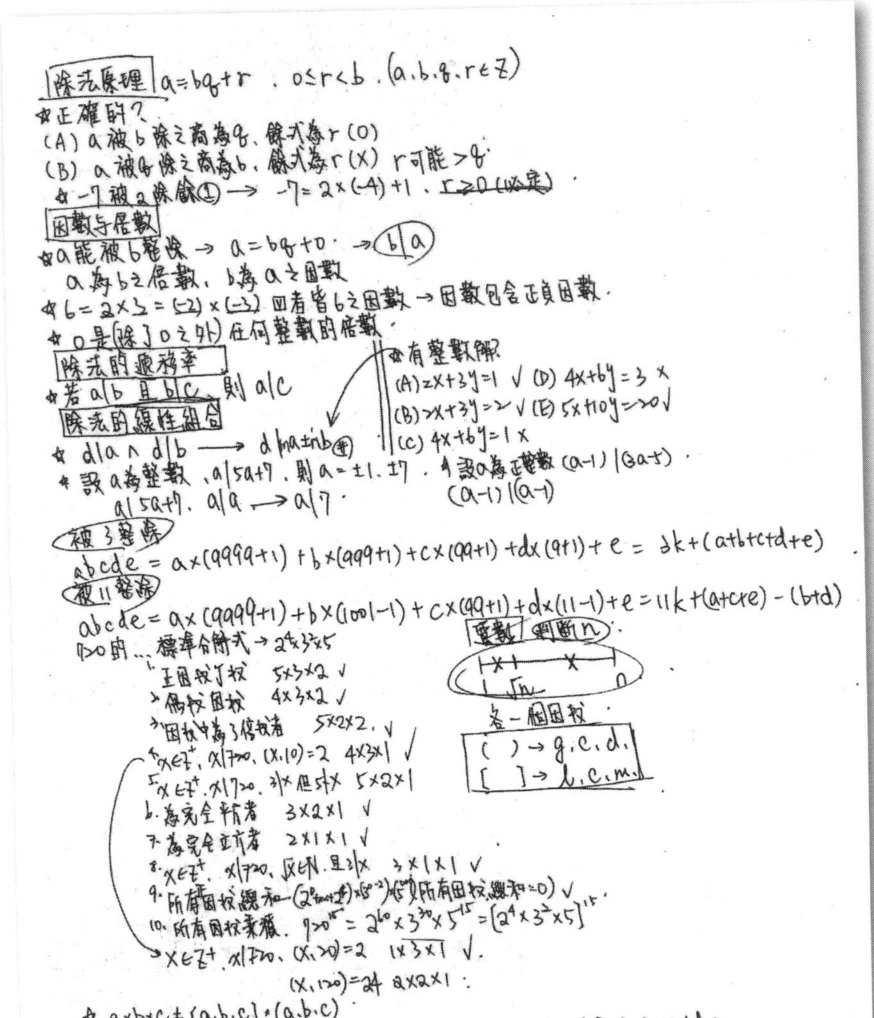
除法原理 a=bq+r . 0≤r<b . (a,b,q,r∈Z)
☆正確的?
(A) a被b除之商為q、餘式為r (O)
(B) a被q除之商為b、餘式為r (X) r可能>q
☆ -7被2除餘① → -7=2×(-4)+1、r≥0 (必定)
因數與倍數
☆a能被b整除 → a=bq+0 → b|a
a為b之倍數，b為a之因數
☆6=2×3=(-2)×(-3) 四者皆6之因數 → 因數包含正負因數.
☆0是(除了0之外)任何整數的倍數.
除法的遞移率
☆若a|b 且b|c，則a|c
除法的線性組合
☆ d|a ∧ d|b → d|ma±nb
☆設a為整數，a|5a+7，則a=±1,±7.
a|5a+7, a|a → a|7
☆設a為正整數 (a-1)|(3a+5).
(a-1)|(a-1)
☆有整數解?
(A) 2x+3y=1 ✓ (D) 4x+6y=3 ×
(B) 2x+3y=2 ✓ (E) 5x+10y=20 ✓
(C) 4x+6y=1 ×
被3整除
abcde = a×(9999+1)+b×(999+1)+c×(99+1)+d×(9+1)+e = 3k+(a+b+c+d+e)
被11整除
abcde = a×(9999+1)+b×(1001-1)+c×(99+1)+d×(11-1)+e = 11k+(a+c+e)-(b+d)
720的…標準分解式 → 2^4×3^2×5
1. 正因數個數 5×3×2 ✓
2. 偶數因數 4×3×2 ✓
3. 因數中為3倍數者 5×2×2 ✓
4. x∈Z+, x|720, (x,10)=2 4×3×1 ✓
5. x∈Z+, x|720, 3|x 但5∤x 5×2×1
6. 為完全平方者 3×2×1 ✓
7. 為完全立方者 2×1×1 ✓
8. x∈Z+, x|720, √x∈N, 且3|x 3×1×1 ✓
9. 所有因數總和
10. 所有因數乘積 720^15 = 2^60×3^30×5^15 = [2^4×3^2×5]^15
x∈Z+, x|720, (x,20)=2 1×3×1 ✓
(x,120)=24 2×2×1
整數 判斷n
1 √n n
各一個因數
( ) → g.c.d.
[ ] → l.c.m.
☆ a×b×c ≠ [a,b,c]·(a,b,c)
a=p×q×r, b=p×s, c=p×t . a×b×c=p^3×q×r×s×t ≠ p×p×q×r×s×t
☆ a×b=(a,b)×[a,b]

高中時期數學筆記

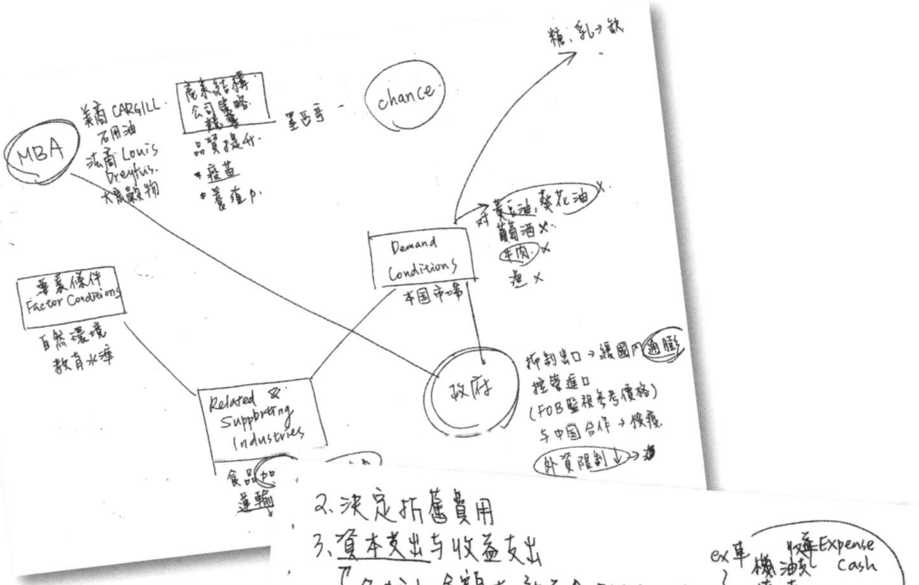

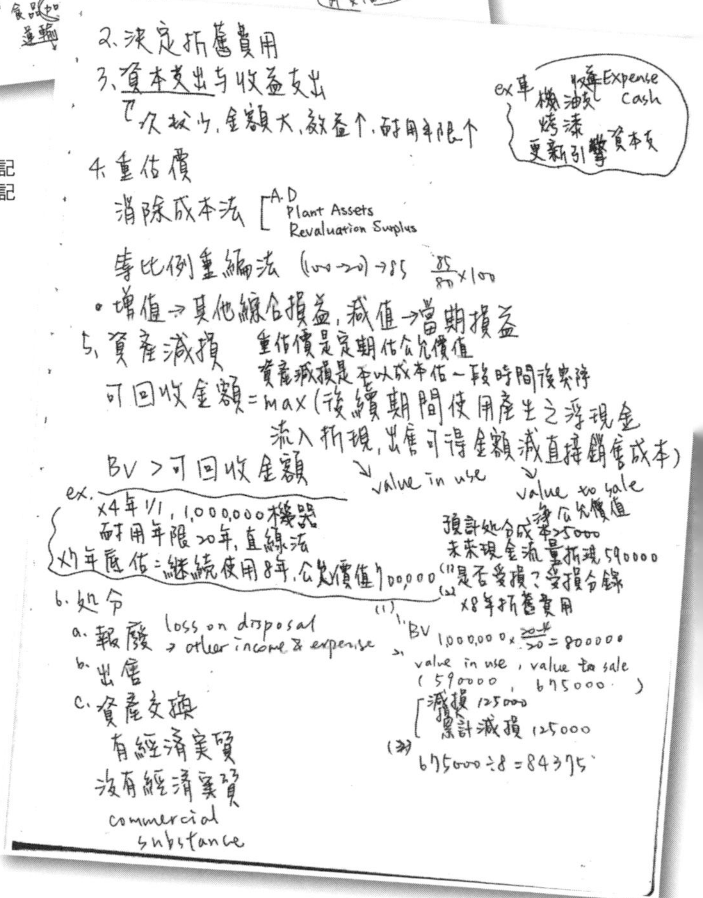

上／大學時期經濟學筆記
下／大學時期會計學筆記

5-4

因為愛，完整了我的心

童年時期開始，所謂成長，是把很多社會性、不可逆的力量，裝填進平凡的軀體和大腦後，到底仍然要回到作為青少年的本質——純粹的固執、感情充沛繁複、矛盾與焦慮。很多時候，家、學校、同儕各立城壁壘，最後還加上媒體，四面圍了個城，人在城裡生活，總要有些盲從，亦有些拉扯與困惑。

幸而，父母給我的那面矮了些，這矮是合宜的。它外表堅固且筋骨實在，充分讓我在好奇城外世界時，能與城外聯繫，卻不會有設法逃出城外的念頭。

高三的時候我任性到不行，三天兩頭跑劇場，看些有的沒的小說、電影，甚至學測前沒幾天，還為感情問題失眠。隨口跟媽媽說：「如果我考滿級分，就讓我去日本聽演唱會。」我媽根本也沒想到會成真，就不假思索答應了。

某種程度上，我還是有花力氣唸書，但不少還是靠老本。半調子的努力像是想掙脫什麼，但說掙脫太狂妄，我不具備這類勇氣，也似乎不特別想建立起這份勇氣。我沒辦法為了掙脫「什麼」，而放棄圍城的世界離開，作為一個挨著城市生活的少年，我有更多中庸的，或者說是安全的選擇。

那時，假如自己的成績跌了，我應該會難過慌張，但不久後就會習慣，然後一蹶不振。我就像一般學生一樣，在意它，但不夠重視，我沒有找到這些數字的意義，只是從小就根深蒂固地，認為成績代表榮譽和面子，只能說，幸好成績沒有因起伏的情緒往下掉。

除了十二月上旬，我一次買了四張新點子劇展票被發現之外，整段高三上，媽媽從來沒有唸我，縱使我知道她其實擔心得要死。我才沒有把握會考得好，但是還說有把握，這不是為偷懶享樂欺騙她，或執意要反對什麼，而是一種微妙的平衡，一種當下的時空環境下，可以被預設成立的平衡。少年在跟大考制度對話，以未來做籌碼，但我賭的不大，媽媽也知道，我不會乖乖順著既定好的華麗路徑，也不會逆向通行，我會邊觀望、邊思考，邊慢慢向前走。

從小到大，這是屬於我的父母，一種溫柔但強大的力量。大部分父母全心深愛孩子，因而付出自己生命全部的學習、經歷、感動，以各種方式，把感情轉化成實用的一切生活知識，和價值觀給我們。我的父母也一樣，只是他們稍微暫停下來再給，用一種表面平凡，卻實然深刻偉大的方式，把城壁放矮。

媽媽從小就把我當大人溝通。雖然她也會唸、會指正我許多瑣碎的生活瑕疵，包括衣服亂丟、晚睡、晚回家之類，但是她不會過度反應，更不會把這些，擴大成人格缺陷，甚至滔天大罪。相反地，她重視價值觀，並會精確地告訴我，她的想法與堅持，有時候也會強迫我做或不做某些事，但不堅持改變我的價值觀。例如，傳統大家庭觀念下的成規，和一些儀式性的活動，媽媽會花時間與我討論，而非用大人的權威壓制，或是搪塞一個令人不服的理由，最後我便會自己想通，從儀式性的動作裡，找到傳統所代表的道德原意。了解深意便足夠，有時候是為了讓老人家放心，或不要被不了解原委的親戚講話。

願意承認自己還小、還幼稚的少年，肯定是足夠成熟了。一般孩子的心態都是不甘被看小，總是想證明自己跟大人思考高度一致，把小孩當不懂事的另一類人，小孩的情緒就會從不服氣，一次次進展到不被理解的憤怒和失落。我頗清楚自己在這方面，一直是這種死要面子，不大寬闊的蠢小孩。感謝父母沒把我當小鬼，也就沒讓自己身為小孩，耍了任性，而讓微不足道的自尊心受到傷害。當我習慣被當成大人好好溝通，遇事我會先停下來聽，再慢慢思考，不急著評論、不急著贊成或反對。這部份，父母和我是雙向的，是兩邊都停下來的狀態下，可以達成的平衡前進。

這樣小孩才會開始獨立思考。不要讓小孩覺得，父母認為自己一定是對的，這樣我們才會在發現錯誤的時候，真正主動檢討。至少，老媽從小讓我學到的就是這樣。

因為媽媽好溝通，遇到開心的事，我願意分享；遇到難過的事，我也敢於訴苦，我的學習狀況、交友圈和心情，她大約都知道。媽媽不會問我不想說的事、不會過度關心，不會每天晚上，追問我：「你今天又跑去哪鬼混」，不太管我聽什麼歌、看什麼節目和電影，因為沒有受限，值得說的事，我就會很樂意分享。這建立在兩件事情上——感情以及信任。信任就是，基本上我不會被限制，所以我也不需要說謊。

然而也有風險。

小時候，我比同齡小孩早熟點，看事情的面向比較複雜，於是，到了一個程度，我就不長了。

我會需要很多時間停下來，需要很多精神處理矛盾，好像期許自己成為觀察者，觀察者要跟人群保持一定程度冷的距離，像小說家王安憶。當然，自己離所謂的觀察者，還是有很大一段距離。仍然有很多情緒，以及人群互動的喜怒，是我還沒法處理的，很多時候我會感到焦慮，會無法拋開包袱，勇往直前。

徹底相信，或擁有某種信仰會輕鬆些，這也許是習慣理性溝通的另一面，但我只是不想欺騙自己，不想遮蓋真心，再三用精神喊話，表象似地說服自己前進。我相信成長進程會自己積累性格，直至成熟，讓我總有一天真正甘心，積極主動地，達成自己的決心。

疼小孩比較簡單，但真正愛小孩超級難。愛孩子，得讓他成為完整的自己，用引導式的溝通，循序漸進授予人生經驗，同時保留空間給孩子反思，讓孩子習慣多元的思考緯度。

感謝我的父母沒有把我關在城裡，某種意義上，我是選擇在城裡生活，以此自豪，亦以此自卑。我還認同自己，作為一個毀壞得徹底的城市人，是值得被擁抱，至少我為它的一切景觀感到慶幸，它的美善和盲目都有價值。我會珍惜我擁有的，以及經驗體會的一切。

BTT
博思智庫

博思智庫 http://broadthink.pixnet.net/blog
博士健康網 http://healthdoctor.com.tw/

世界在我家

冬遊・印象・奧地利
一段歐洲之心的美學旅程

凌敬堯 ◎ 文字・攝影
定價 ◎ 320元

作者倡導『設計就在生活之中，旅遊是最能激發生活靈感的方式！』帶領讀者用生活的方式行旅奧地利，記錄旅遊生活的臨場感受，走出與眾不同的奧地利深度旅行路線。

京都・旅行的開始
跟著潮風去旅行

八小樂 ◎ 圖・文
定價 ◎ 320元

作者以大量手繪的精緻插圖，細膩又輕鬆的呈現出年輕設計師眼中的京都。本書夾雜著「八小樂碎碎念」及「心內話」等小TIP，是年輕人必備的潮風旅遊書。

美好生活

天天好心情
巴曲花精情緒密碼

許心華 博士 ◎ 著
定價 ◎ 320元

本書臨床報告證實花精療法的神奇效果，可作為應用於精神情緒疾病之輔助療法，並以深入淺出的方式介紹正統巴曲花精療法，讓您天天好心情，生活愉快又健康！

數字珍寶
能量寶石開運法

陳盈綺 ◎ 著
定價 ◎ 320元

本書讓讀者利用生命靈數找到自己所屬的水晶珠寶，補足所缺乏或加強所需的能量。各種珠寶都有其不同的能量與功效，正確的選擇寶石，也讓自己在生活中更如魚得水般的自在。

GOAL

吊車尾留英記　改變生命之旅
黃鴻程 博士 ◎ 著　定價 ◎ 220元

本書作者在專科時，是班上最後一名畢業，有著閱讀障礙的他，卻能夠獲得英國大學的無條件入學資格及雙博士學位，看似幸運的經歷，其實卻隱藏了許多人們看不見的辛酸故事。作者用幽默輕鬆的口吻，述說著這一段改變他生命的留學之旅。

博思智庫　http://broadthink.pixnet.net/blog
博士健康網　http://healthdoctor.com.tw/

原來，這才是溝通－用愛堆出滿級分

作　　者　吳雅玲．黃昱翔
封面設計　羅芝菱
執行編輯　詹雁婷
專案編輯　陳曉儀．羅芝珊
排版設計　羅芝菱
行銷策劃　詹雁婷

發 行 人　黃輝煌
社　　長　蕭豔秋
財務顧問　蕭聰傑
出 版 者　博思智庫股份有限公司
地　　址　104 台北市中山區松江路 206 號 14 樓之 4
電　　話　(02) 25623277
傳　　真　(02) 25632892

總 代 理　聯合發行股份有限公司
電　　話　(02)29178022
傳　　真　(02)29156275

印　　製　禹利電子分色有限公司
定　　價　240 元
第一版第一刷　中華民國 101 年 5 月

ISBN 978-986-87284-8-6